Hendrikje Hüneke

DAS KÜNSTLERBUCH ŬNA͡ULŬTŬ́

Hendrikje Hüneke

DAS KÜNSTLERBUCH ŬNA͡ULŬTŰ

Zeugnisse indigener Völker als künstlerische Inspiration in der DDR.

Tectum Verlag

Hendrikje Hüneke
Das Künstlerbuch ŭna͡ulŭtŭ
Zeugnisse indigener Völker
als künstlerische Inspiration in der DDR.

ISBN: 978-3-8288-3645-7

Umschlagabbildung: © Fotostudio Vonderlind
Umschlaggestaltung: Mathias Keiler | Tectum Verlag
Satz und Layout: Mathias Keiler | Tectum Verlag
Druck und Bindung: CPI buchbücher.de, Birkach
Printed in Germany

Besuchen Sie uns im Internet
www.tectum-verlag.de

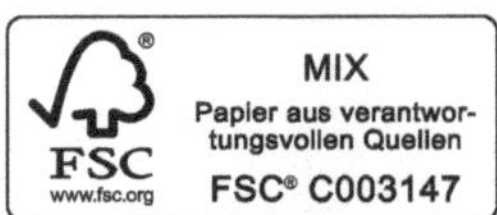

Bibliografische Informationen der Deutschen Nationalbibliothek
Die Deutsche Nationalbibliothek verzeichnet diese Publikation in der Deutschen Nationalbibliografie; detaillierte bibliografische Angaben sind im Internet über http://dnb.ddb.de abrufbar.

Inhalt

Vorwort

Grundlage des vorliegenden Textes ist eine Magisterarbeit, die 2012 unter dem Titel „ŭna͡ulŭtŭ́ – Ein Künstlerbuch von Frieder Heinze und Olaf Wegewitz" an der Justus-Liebig-Universität Gießen angenommen worden ist.

Mein besonderer Dank gilt dem Betreuer der Magisterarbeit, Marcel Baumgartner, der immer ein aufmerksamer und kritischer Begleiter gewesen ist und dessen Anspruch mich bis zur Veröffentlichung angespornt hat. Die hilfreichen Anmerkungen der Zweitbetreuerin Silke Tammen sind in die Veröffentlichung eingeflossen. Entscheidende Anregungen in der Anfangsphase der Arbeit habe ich den Teilnehmern des Gießener Hauskolloquiums zu verdanken.

Danken möchte ich auch dem Verein der Freunde des Zentralinstituts für Kunstgeschichte e. V. CONIVNCTA FLORESCIT, der die Arbeit 2013 mit dem Sonderpreis der Wolfgang-Ratjen-Stiftung ausgezeichnet und mir damit einen Forschungsaufenthalt am Zentralinstitut für Kunstgeschichte in München ermöglicht hat.

Die Arbeit würde nicht existieren ohne die Idee zu diesem Thema, die der Künstler Hans-Hendrik Grimmling geliefert hat. Neben der Literaturrecherche bildete die Zeitzeugenbefragung eine wichtige Grundlage. Besonders dankbar bin ich den Künstlern Frieder Heinze und Olaf Wegewitz, deren (Gast-)Freundschaft mir viel bedeutet und die mir in mehreren Interviews geduldig Rede und Antwort gestanden haben. Auch der Galerist Dieter Brusberg hat sich aufgeschlossen bereit erklärt, die Ereignisse aus seiner Sicht zu schildern.

Ausgesprochen hilfsbereit war Kerstin Fuhrmann am Völkerkundemuseum Leipzig bei der Bereitstellung der Skizzenbücher Fritz Krauses. Bei Holger Vonderlind möchte ich mich für die fotografische Dokumentation des Künstlerbuches bedanken sowie bei Ludwig Pohlmann, der sein ŭna͡ulŭtŭ́-Exemplar zu diesem Zwecke zur Verfügung stellte. Dem Tectum-Verlag, insbesondere Mathias Keiler, danke ich für die Bearbeitung zur Veröffentlichung.

Die Künstler kennengelernt zu haben, verdanke ich meinen Eltern Saskia und Andreas Hüneke. Ihnen und meinem Freund Philipp Kobusch danke ich außerdem für die kritischen Korrekturleser-Augen und die uneingeschränkte Unterstützung.

1 Einleitung

Das 1985/86 im Reclam-Verlag Leipzig erschienene originalgrafische Künstlerbuch „ŭna͡ulŭtŭ́ – Steinchen im Sand" von Frieder Heinze (geb. 1950) und Olaf Wegewitz (geb. 1949) hat in der kunsthistorischen Literatur bereits hohe Anerkennung erfahren. Es wird als Höhepunkt der buchkünstlerischen Gemeinschaftsarbeiten der beiden Künstler[1] und als Höhepunkt des Wirkens der von Hans Marquardt gegründeten Dürer-Presse[2] sowie als „buchkünstlerisches Wunderwerk"[3] gelobt. In einer englischen Publikation heißt es, ŭna͡ulŭtŭ́ sei „by far one of the most impressive examples of East German printing skill ever produced"[4], während eine andere Veröffentlichung das Künstlerbuch sogar als „Hauptwerk des buchkünstlerischen Schaffens der ehemaligen DDR"[5] überhaupt bezeichnet. Die Erwähnungen in der Literatur gehen aber selten über eine kurze Beschreibung hinaus.[6]

1 Henkel 1991, S. 12. In dem Ausstellungskatalog zu „Künstlerbücher[n] und originalgrafischen Zeitschriften im Eigenverlag" räumt Henkel den Gemeinschaftsprojekten von Heinze und Wegewitz eine „Sonderstellung" in der Leipziger Künstlerbuchproduktion ein.

2 Ebd. S. 9; ähnlich bei: Schulz 1987, S. 48.

3 Scheffler 1997, S. 184.

4 Akat. Fun on the titanic, 2015, S. 19.

5 Maur 1992, S. 51.

6 Die meisten Ausstellungskataloge enthalten nur sehr kurze Beschreibungen des Buches: Akat. Literatur und Kunst im Dialog, 1985, S. 16 sowie Kat. 114; Akat. Magie des Buches, 1988, Kat. 59; Akat. America Latina, 1988, mit einem Abdruck des Künstlerkommentars aus ŭna͡ulŭtŭ́ auf S. 34 und Abbildungen auf S. 44f.; Spindler 1988, S. 135; Akat. Forbilleder. Nutidskunst fra DDR, 1989, o. P.; Akat. 20a Bienal international de São Paulo, 1989, S. 119; Akat. Neues Territorium, 1990, S. 35, mit Abbildungen auf S. 36f.; Akat. Wegewitz, Bucharbeit, 1994, S. 33 und Kat. 30; Scheffler 1997, S. 184; Akat. Eintritt außen vor, 2000, S. 130; Werner 2004, Kat. 1251; Akat. Fun on the titanic, 2015, S. 19. Einige Publikationen liefern eine kurze historische Einordnung ŭna͡ulŭtŭ́s in die Entwicklung der Buchkunstszene in der DDR, insbesondere in Leipzig, mit Verweis auf das besondere sinnliche Erlebnis, das ŭna͡ulŭtŭ́ durch die Verbindung visueller, akustischer und taktiler Elemente bietet: Schulz 1987, S. 11 und S. 48; Akat. Künstlerbücher und Zeitschriften im Eigenverlag, 1991, S. 9, S. 12 und Kat. 154;

Eine detaillierte Materialvorlage und Analyse des Werkes ist bisher nicht veröffentlicht. Dieser Umstand verstärkt den Anreiz für die Auseinandersetzung mit einem Buch, das zuerst elementar durch seine Größe[7], dann differenzierter durch seine Vielfalt beeindruckt.

Das in einer Auflage von 135 Stück erschienene Werk ist in Handarbeit gefertigt worden, weshalb sich die Exemplare von vorn herein im Detail unterscheiden.[8] Darüber hinaus gibt es Unterschiede zwischen den im Osten und den über die West-Berliner Galerie Brusberg vertriebenen Exemplaren sowie zu den Belegexemplaren.[9] Eingesehen werden konnten die zeichnerische Entwurfsfassung des Künstlerbuches und ein unnummeriertes e/a-Exemplar bei Olaf Wegewitz, die Belegexemplare von Frieder Heinze (Ex.Nr. V/XXV), aus der Staatsbibliothek zu Berlin (Ex. Nr. XVIII/XXV) und der Sächsischen Landesbibliothek – Staats- und Universitätsbibliothek Dresden (Ex.Nr. XXI/XXV), ein Ost-Exemplar aus dem Besitz von Ludwig Pohlmann (Ex.Nr. 45/55) sowie ein noch unverkauftes West-Exemplar der Galerie Brus-

Lang 2000, S. 250; Lang 2005, S. 279. Verhältnismäßig ausführlich wird das Künstlerbuch jedoch nur im Ausstellungskatalog Papiergesänge und in Marcus Kenzlers Publikation zu den Einflüssen Südamerikas auf die Bildende Kunst in der DDR besprochen, wobei der Fokus jeweils auf der gesellschaftskritischen Komponente liegt, die das Künstlerbuch durch die thematische Hinwendung zu den Überlieferungen eines indigenen südamerikanischen Volkes bekommt. Akat. Papiergesänge, 1992, S. 51f. und S. 274; Kenzler 2012, S. 202 und S. 442f.

7 53 x 46 x 9,5 cm.

8 Insg. sind 135 Exemplare erschienen: Nr. 1–55 im Verlag Philipp Reclam jun. Leipzig; Nr. 56–110 im Verlag der Galerie Brusberg, Berlin-West; 25 Belegexemplare, nummeriert I–XXV. Darüber hinaus existieren einige unnummerierte sog. e/a-Exemplare.

9 Die Belegexemplare gleichen den Ost-Exemplaren. Dieter Brusberg hatte sich aber für die Auflage der West-Exemplare eine andere Gestaltung des Innentitels, des Autorentextes und der Marginalien Marquardts erbeten. Außerdem enthalten diese Ausgaben einen chronologischen Arbeitsbericht zur Entstehung des Künstlerbuches. Auf diese und weitere Unterschiede wird an gegebener Stelle eingegangen.

berg (Ex.Nr. 108/110) und das West-Exemplar der Nationalbibliothek in Frankfurt am Main (Ex.Nr. 63/110).[10]

Anlass und Kern des Buches ist die Beschäftigung der beiden Künstler mit Zeichnungen der brasilianischen Karajá, die durch den Ethnologen Fritz Krause bei einer Brasilien-Exkursion 1909 gesammelt worden sind. Das Buch enthält zum einen Reproduktionen dieser Zeichnungen sowie Grafiken der Künstler und zum anderen epische, lyrische und essayistische Texte.[11]

Wenn ŭna͡ulŭtŭ́, wie Olaf Wegewitz in einem Interview sagt, „auch ein Ansatz [war,] aus der DDR heraus Offenheit gegenüber anderen Kulturen zu proklamieren“[12], so wird ein Aspekt angesprochen, den es genauer zu betrachten gilt. Denn es entsteht eine besondere Spannung dadurch, dass sich Künstler aus einem abgeschlossenen Land wie der DDR mit den Überlieferungen eines Volkes beschäftigten, das kulturell sowie rein geografisch weit entfernt und für die Künstler so gut wie unerreichbar war. Die Hauptaufgabe dieser Arbeit soll es daher sein, das Künstlerbuch vor dem Hintergrund dieser Spannung zu untersuchen.

Ein erster Abschnitt der Arbeit ist daher der kulturpolitischen Situation in der DDR gewidmet. An konkreten Beispielen, nämlich an dem für die Persönlichkeiten Heinze und Wegewitz aussagekräftigen Projekt des „1. Leipziger Herbstsalons“ sowie den Umständen der Veröffentlichung des Künstlerbuches ŭna͡ulŭtŭ́, wird der vorsichtige Versuch unternommen, die Künstler und ihr Künstlerbuch in den kulturpolitischen Zusammenhängen der DDR zu positionieren. Eine anschließende Vorstellung der einzelnen Elemente des Buches legt die Grundlage für eine Betrachtung des Umganges mit Zeugnissen indigener Kulturen

10 Sofern nicht anders gekennzeichnet, zeigen die Abbildungen das Ost-Exemplar Nr. 45/55.

11 Inhaltsverzeichnis des Künstlerbuches im Anhang I.

12 Zitiert nach Zeilinger 2009, S. 69.

in ŭnaulŭtŭ. Bindung, Materialien und „Spielelemente"[13] stehen im Kontrast zu einer konventionellen Vorstellung vom Buch und sollen daher auf ihre Wirkung hin untersucht werden. Die in ŭnaulŭtŭ befindlichen Grafiken von Frieder Heinze und Olaf Wegewitz lassen unterschiedliche Herangehensweisen an die Zeichnungen der Karajá vermuten. Daher wird der Frage nachgegangen werden, welche Form der Orientierung an der Überlieferung dieses indigenen Volkes vorliegt und welche Aussage über die Art der Präsentation der verschiedenen Grafiken im Buch vermittelt wird. Bei den in ŭnaulŭtŭ abgedruckten Texten handelt es sich um Texte unterschiedlichster Herkunft: einen Text der Künstler, die Marginalien des Herausgebers Hans Marquardt, drei Essays des Kunsthistorikers Klaus Werner sowie eine durch den Ethnologen Lajos Boglár nacherzählte, aus dem Amazonasgebiet stammende Schöpfungsgeschichte, vier Gedichte der peruanischen Ketschua und eine Rede des Häuptlings Seattle der nordamerikanischen Duwamish. Es stellt sich daher die Frage, wie Herkunft und Autorschaft der Texte einzuordnen sind und welche Funktion die Texte für die Aussage des Buches einnehmen.

Insgesamt geht es vor allem darum herauszukristallisieren, welche Vorstellungen von indigenen Kulturen in ŭnaulŭtŭ vermittelt werden, welche Vermittlungsstrategien dabei verwendet werden und welche Funktion und Bedeutung diese Vorstellungen für das Konzept des Künstlerbuches einnehmen. Eine Problematisierung des Primitivismus-Begriffs und thematisch angrenzender Termini soll auf den historischen Rahmen der DDR fokussiert sein, wird aber auch den in der BRD und den USA geführten Diskurs im Rahmen postkolonialistischer Denkansätze miteinbeziehen. Das Künstlerbuch ŭnaulŭtŭ soll in dieser Arbeit vor dem kulturpolitischen Hintergrund der DDR kritisch nach seiner Rolle in der künstlerischen Beschäftigung mit dem Fremden und Anderen befragt werden.

13 Wortwahl der Künstler, vgl. Impressum, ŭnaulŭtŭ, S. 107.

2 Die Entstehungsumstände des Künstlerbuches ŭn͡aulŭtŭ́

Die Autoren der Chronologie „Kunstkombinat DDR“ beschreiben die Geschichte der Kunst in der DDR erklärtermaßen als „Kräftespiel zwischen zentralisierter Kunstpolitik und Kunst“.[14] Der Begriff „KräfteSPIEL“ wirkt einem schwarz-weiß-Denken im historischen Rückblick entgegen und unterstützt eine Auffassung, die davon ausgeht, dass zwischen der zentralisierten und diktatorisch durchgesetzten Kulturpolitik und den individuellen Intentionen der Künstler viele Zwischentöne existierten. Die offiziellen Vorgaben der Kulturpolitik der SED wiesen unterschiedliche Phasen von Verschärfung und Lockerung auf. Darüber hinaus war eine verschärfte oder lockere Auslegung der Vorgaben abhängig von Interesse und Engagement der beteiligten Einzelpersonen. Künstlerinnen und Künstler waren nicht selten auch Akteure in der Kulturpolitik. Joachim Ackermann weist außerdem in seiner Untersuchung zu den Organisationsstrukturen der DDR im Bereich der Kultur darauf hin, „dass Funktionäre [...], aber auch einzelne Künstler [...] von vornherein bei ihren Entscheidungen auf die zu erwartende Haltung der SED Rücksicht genommen haben, um nicht in Konflikt mit der Partei zu geraten“[15]. Angst und Selbstzensur waren demnach ein nicht zu unterschätzender Faktor. Darüber hinaus wurde der Kulturbetrieb in allen Ebenen durch die Staatssicherheit beeinflusst. Die Beziehungen sind so komplex, dass Kulturpolitik und Kunst nicht als gegeneinander agierende Parteien gedacht werden können.[16]

---

14 Feist/Gillen 1990, S. 6.

15 Ackermann 2000, S. 71. Ackermanns Untersuchungen beruhen auf den für Forschungszwecke zugänglichen Akten der SED in der Stiftung Archiv der Parteien und Massenorganisationen der DDR im Bundesarchiv Berlin (SAPMO-BArch), auf den Akten des Ministeriums für Kultur der DDR (MfK) im Bundesarchiv Berlin sowie auf Zeitzeugeninterviews mit Mitarbeitern aus dem SED-Parteiapparat.

16 Ulrike Goeschen argumentiert in ihrer Dissertation berechtigterweise gegen ein bipolares Denken, das die vielschichtigen Zusammenhänge zwi-

Im Folgenden sollen die Zusammenhänge für die Stadt Leipzig und die Zeit, in der Frieder Heinze und Olaf Wegewitz künstlerisch aktiv waren, charakterisierend umrissen werden. Letztendlich stellt dieses Kapitel den vorsichtigen Versuch dar, Heinze und Wegewitz sowie ihr Künstlerbuch ŭna͡ulŭtŭ́ innerhalb dieses „Kräftespiels" zu positionieren.

2.1 Die Künstler

Nach einer Ausbildung als Maurer hatte der 1950 geborene Frieder Heinze von 1969 bis 1974 an der Hochschule für Grafik und Buchkunst in Leipzig studiert und die Zeit als Meisterschüler bis 1977 zuerst bei Werner Tübke und dann bei Bernhard Heisig absolviert. Der dreidimensional-illusionistischen Darstellung, die an der Hochschule gelehrt wurde, kehrte Heinze den Rücken und wandte sich über neu-sachliche und surrealistische Tendenzen mehr und mehr einer farbenfrohen flächigen Malerei zu.[17] Der Austausch und die Zusammenarbeit mit anderen Künstlern eröffneten Heinze weitere künstlerische Sichtweisen. An der Abendschule der Hochschule lernte Heinze Thomas Ranft und Lutz Friedel, im Studium schließlich Hans-Hendrik Grimmling kennen. Über zentrale Künstlerfiguren wie den aus Israel in die DDR umgesiedelten Gil Schlesinger und den Autodidakten Günther Huniat kamen weitere Kontakte zustande, u. a. zu Olaf Wegewitz. Als wichtige Bezugspunkte nennt Heinze neben Schlesinger außerdem mit Gerhard Altenbourg, Willi Wolff, Hermann Glöckner und Otto Niemeyer-Holstein vor allem Künstler, die Nebenwege beschritten, wobei die Genannten wohl vor allem menschliche Vorbilder waren. Heinze begann sich auf die

schen Kulturpolitik und Kunstszene in der DDR zu stark in den Hintergrund rücken lässt. Goeschen 2001, S. 10.

17 Heinze sagt, der „schwülstige Teil des Surrealismus" habe ihn über die Zeit des Studiums „gerettet". Gespräch am 23.8.2011, Großpelsen. Vgl. Akat. Frieder Heinze, 1978 mit Abbildungen von Arbeiten der 1970er Jahre. Die stilistische Entwicklung ist nachvollziehbar in: Akat. Eintritt außen vor, 2000. Darin außerdem ein Verzeichnis der Grafiken und Künstlerbücher.

Grundfarben und die Fläche zu beschränken, übermalte viele seiner alten Bilder und fing darüber hinaus an, auch bildhauerisch zu arbeiten. Ein gemeinsam mit Günther Huniat gegründeter Werkstatt- und Skulpturengarten in Leipzig-Stötteritz, der zu einem beliebten Treffpunkt der Leipziger Künstlerszene avancierte[18], erhielt den Namen Mogollon[19] und lässt im Rückblick vermuten, wie präsent die Namen außereuropäischer indigener[20] Völker in diesem Umfeld gewesen sein mögen. Die gemeinsame Arbeit mit Olaf Wegewitz an ŭnaulŭtŭ muss Heinzes Interesse an bildlichen Zeugnissen indigener Völker gefestigt haben. Im Laufe der 80er Jahre entwickelte er einen eigenen künstlerischen Umgang mit dem Formenvokabular verschiedenster schriftloser Kulturen, der bis heute Grundlage seiner Arbeit geblieben ist.[21] Nach der Wende suchte Heinze bei Reisen in Mexiko, der Sahara oder Schweden immerwieder Orte auf, an denen prähistorische Bilder der jeweiligen indigenen Bevölkerung überliefert sind. Seine Arbeiten zeichnet dabei eine tiefe Verehrung der Zeichen und Bilder dieser schriftlosen Kulturen aus, wobei er den vorgefundenen Duktus mit viel Humor in unsere (Um-)Welt übersetzt und in unseren Alltag überführt. Neben abstrakten Formen und symbolträchtig wirkenden Zeichen sind es – nicht selten komische – menschliche und tierische Gestalten und verfremdete Alltagsgegenstände, die in ornamentaler Manier auf einen gemeinsamen farblichen Untergrund platziert sind.

Rückblickend erscheint die Arbeit an ŭnaulŭtŭ und die Beschäftigung mit den Ausdrucksformen schriftloser Kulturen m. E. als wichtiges Element innerhalb eines Emanzipationsprozesses, der Heinze weg von den Einflüssen der Hochschule für Grafik und Buchkunst führte. Im Gegensatz zum Realismus der sog. Leip-

18 Der Skulpturengarten existierte von 1980 bis 2013, maßgeblich betrieben von Günther Huniat. Siehe dazu: Akat. Holzhäuser Straße 73, 2005.

19 Mogollon ist ein prähistorisches Volk Nordamerikas.

20 Mangels besserer Alternativen soll in dieser Arbeit das Adjektiv „indigen" Verwendung finden. Ausführlicher zur Problematik der Termini in diesem Kontext vgl. Kapitel 4.1.

21 Vgl. z. B.: Akat. Eintritt außen vor, 2000; Akat. Zeichen und Wunder, 2013.

ziger Schule, der aufgeladen war mit versteckten Bedeutungen, verweigern sich die Zeichen Heinzes einer Deutung im Detail und einem intellektuellen Rätselspiel.[22] Sie sind eine Absage an jede Form der Agitation und ein Rückzug in eine explizit unpolitische[23] und humorvolle Kunst, verbunden mit der Vorstellung von einer direkteren Wirkungsweise[24] und einer engeren Verbundenheit zum Leben und Alltag.[25] Heinze bemüht sich bewusst um eine lebendige Nutzung seiner Kunst und gestaltet die verschiedensten Materialien und Gebrauchsartikel, von Aufklebern und Wandbehängen über Gebrauchskeramik, Waschbecken und Kachelöfen bis hin zu architekturgebundenen Arbeiten[26]. Dabei sind die Interaktion mit anderen Künstlern und die Zusammenarbeit mit Handwerksbetrieben und sogar Industrieproduktionen für Heinzes Werk charakteristisch.[27]

---

22 „Ich denke real und finde meine Zeichen intuitiv. Es sind keine Verallgemeinerungen, keine Weltbilder." Damit grenzt sich Heinze von der Herangehensweise A. R. Pencks ab. Heinze in: Akat. Eintritt außen vor, 2000, S. 135.

23 Mit seinem Umzug 1991 in das ländliche Großpelsen zwischen Leipzig und Dresden ging das Anliegen einher sich dem, „was sich Staat nennt" sowie dem allgemeinen Kunstbetrieb soweit möglich zu entziehen. Gespräch am 23.8.2011, Großpelsen.

24 Zu Felszeichnungen in der Sahara sagt Frieder Heinze: „Sie sind auch ohne das Wissen, das man angeblich dazu braucht, gut lesbar. Die Zeichnungen sprechen direkt und sofort [...]. Das ist ein Grunderlebnis. Wenn man es erfahren hat, möchte man, dass auch die eigenen Arbeiten so etwas vermitteln.", zitiert nach: Liebermann 2015, S. 68.

25 „Brauchtum schätze ich höher ein als zeitgenössische europäische Kunst, die sich global gebärdet und gehyped ist." Gespräch mit Heinze am 16.1.2012, Großpelsen.

26 z. B. die Großskulptur aus Gusseisen am TramTurm in Freiburg (2008) oder die Gestaltung der Theaterkneipe „Treppe D" im Leipziger Theater „Sanftmut" (2009).

27 Über besonders lange Zeiträume prägte die gemeinschaftliche Arbeit mit Olaf Wegewitz, mit den Druckern Klaus Göbel und Gerhard Günther und mit der Keramikerin Claudia Rückert das Werk Heinzes. In Zusammenarbeit mit der Eisenhütte „Fürst Stolberg" in Ilsenburg im Harz hat Heinze Eisengitter hergestellt, bei dem Sanitärporzellanwerk „Duravit" in Meissen Waschbecken und Kloschüsseln bemalt und im „RUKA" Ofenkachelwerk in Mügeln farbkräftige Ofengestaltungen umgesetzt.

Der gelernte Traktorenschlosser Olaf Wegewitz, Jahrgang 1949, arbeitete Anfang der 1970er Jahre zunächst als Plakatkleber für die Deutsche Werbe- und Anzeigengesellschaft (DEWAG) – ein Beruf der ihm Zeit für das künstlerische Arbeiten ließ –, bevor er 1978 in den VBK aufgenommen und als freier bildender Künstler anerkannt wurde. Als Autodidakt war Wegewitz unabhängig von den Einflüssen der Leipziger Hochschule für Grafik und Buchkunst, studierte dagegen im privaten Rahmen Maltechniken bei dem Maler Hans Schulze[28] und suchte den Kontakt und Austausch mit Leipziger Künstlern wie Gil Schlesinger und Günther Huniat.[29] Vor allem Schlesinger, den er bereits 1968 kennengelernt hatte, wurde ein wichtiger Freund und Lehrer. Durch ihn und Günther Huniat lernte Olaf Wegewitz unter anderem Lutz Dammbeck, Hans-Hendrik Grimmling und Frieder Heinze kennen. Aus der Beschäftigung mit Oskar Schlemmer, dem Bauhaus und dem russischen Konstruktivismus Tatlins resultierte Wegewitzens gegenstandslose, stark konstruktiv ausgerichtete und auf gedeckte Farben beschränkte Malerei und Grafik dieser Zeit. Vor allem in den 1980er Jahren interessierten ihn die Zeugnisse von „Naturvölkern"[30] im Zusammenhang mit Wilhelm Worringers viel rezipierter Arbeit „Abstraktion und Einfühlung" von 1907.[31] Wegewitz näherte sich diesem Thema insbesondere über den Archiv-Bestand des Grassi Museums für Völkerkunde

28 Hans Schulze hatte bis zu seiner Emeritierung 1969 die Professur am Institut für Kunsterziehung an der Karl-Marx-Universität Leipzig inne. In den Jahren 1974 und 1975 besuchte Wegewitz den Maler in seinem Atelier, lernte von ihm und saß als Gegenleistung Modell.

29 Dass Wegewitz ganz gezielt nach Leipzig ging, um dort Künstler kennenzulernen, vermittelt er selbst in einem Interview mit Doris Liebermann. Liebermann 2015, S. 70–86, insb. S. 71.

30 Der Terminus entspricht der Wortwahl von Wegewitz und Heinze in dieser Zeit. Zur Problematik der Termini in diesem Kontext vgl. Kapitel 4.1.

31 In der ersten Auflage 1907 publiziert, ist Wilhelm Worringers Dissertation „Abstraktion und Einfühlung" in zahlreichen Auflagen und Neudrucken erschienen. Eine Lizenzausgabe ist 1982 im ostdeutschen Leipzig erschienen.

in Leipzig, aber auch anderer Völkerkundemuseen an.[32] In einer Ausstellung im Weimarer Stadtmuseum „Kabinett" hatte Wegewitz bereits 1981 ethnologische Objekte aus dem Grassi Museum als Kontrapunkt zu seinen eigenen Arbeiten inszeniert.[33] Mit ŭnaulŭtŭ führte er diesen Themenkomplex weiter und verweist im Impressum des Künstlerbuches auf die Weimarer Ausstellung. Dort zeigt eine Fotografie Wegewitz in den Ausstellungsräumen am Goetheplatz zwischen einer seiner Arbeiten und einer afrikanischen Makonde-Plastik.[34]

Im Rückblick wird deutlich, dass ŭnaulŭtŭ zentrale Aspekte des künstlerischen Werkes von Olaf Wegewitz vereint. Die Buchkunst begleitete den Künstler über Jahrzehnte, wobei Wegewitz die Grenzen zwischen Künstlerbuch, Buchobjekt, Ausstellungskatalog, Verlagspublikation, Skizzenbuch und Notizheft negiert. Experimente mit Faltobjekten, Buchbindungen und Buchschubern, aber auch die Arbeit mit Lyrik und Prosa sind Teil dieser Ausdrucksform. Des Weiteren ist die in ŭnaulŭtŭ abgedruckte Rede des Häuptlings Seattle einem Topos zuzurechnen, der

32 Vgl. Wegewitz, Skizzenheft – Völkerkundemuseum Hamburg, 1986, sowie die Künstlerbücher, die in Vor- und Nacharbeit zu ŭnaulŭtŭ entstanden sind: Wegewitz, Vorzeichnungen zu ŭnaulŭtŭ, 1983/84, Heinze/Wegewitz, STEINCHEN IM SAND, 1987. Verzeichnet in: Akat. Bucharbeit, 1994, Kat. 34, Kat. 21 und Kat. 42. Heinze/Wegewitz, [Restbestände aus ŭnaulŭtŭ], mit Signatur von 2012. In Koproduktion mit Dietrich Oltmanns entstand das Künstlerbuch GAV'RINIS zur Megalithkultur der bretonischen Inseln. Oltmanns/Wegewitz, GAV'RINIS, 1985, verzeichnet in: Akat. Bucharbeit, 1994, Kat. 31. Oltmanns und Wegewitz veranstalteten zwei Performances in Leipzig, eine im Magazin des Grassi Museums mit afrikanischen Trommeln und Schwirrhölzern (1985) und eine anlässlich einer Ausstellung in der Deutschen Bücherstube (1987), in der sie zwei Tonbänder durch den ganzen Raum verlegt haben, um das zu tun, was man heute „sampling" nennen würde. Sie nahmen die Geräusche eines Schwirrholzes und einer Sansa auf, um sie gleichzeitig wieder abzuspielen, sodass sie sich mit der Zeit zu einem orchestralen Klang zusammenfügten.

33 Weimarer Stadtmuseum, Kabinett, 25.06.–27.08.1981. Es gab keinen Katalog zur Ausstellung, aber ein originalgrafisches Plakat.

34 Impressum, ŭnaulŭtŭ, S. 107 **(Taf. 27-a)**.

im Werk von Olaf Wegewitz Kontinuität erhalten hat.[35] Das Verhältnis des Menschen zur Natur und seine vermeintliche Überlegenheit ihr gegenüber beschäftigten Wegewitz bei dem Studium mittelalterlicher Handschriften in der Herzog August Bibliothek Wolfenbüttel (1990) sowie den Recherchen zu verschiedenen Naturforschern und -philosophen[36] und führten schließlich zur Auseinandersetzung mit Ruderalvegetationen und der Entwicklung der Idee vom „respektierten Areal", einem Bereich der Natur, der dem menschlichen Einfluss entzogen ist.[37] Die Idee vom „respektierten Areal" benennt wörtlich, was aus allen Arbeiten des Künstlers spricht: Der Respekt vor der Natur ist nicht nur thematischer Mittelpunkt in Wegewitzens Werk, sondern bedingt auch seine materielle Beschaffenheit. Olaf Wegewitz zeichnet eine besondere Materialaffinität aus, wobei ein weitgefasstes

35 Die Rede wendet sich gegen die Vorstellung, der Mensch könne die Natur mit Recht besitzen und beherrschen. Siehe dazu Kapitel 3.3.4. Vgl. außerdem das Künstlerbuch WIR SIND EIN TEIL DER ERDE, das erneut die Rede Seattles zum Inhalt hat. Wegewitz, WIR SIND EIN TEIL DER ERDE, 1988, verzeichnet in: Akat. Bucharbeit 1994, Kat. 49.

36 Es ließe sich eine lange Reihe an Künstlerbüchern benennen. Eine Auflistung findet sich im Katalogtext von Uwe Gellner: Akat. Olaf Wegewitz – Geradewegs, 2014, S. 24.
In diesem Zusammenhang ist auch das „Meutefin-Museum" zu nennen, das Wegewitz in seinem Wohnort Huy-Neinstedt betreibt. Es ist ein gestalteter Raum in einem alten Trafohaus, dem Schuster Heinrich Meutefin (1745–1815) gewidmet, der in Huy-Neinstedt gelebt hat, Kräutersammler war, und den Kräutersammlungen eigene Gedichte beigelegt hat.

37 Zu dieser Idee hat Wegewitz für verschiedene Orte künstlerische Konzepte geliefert: vgl. dazu z. B. den in einem kleinen Künstlerbuch vorgestellten Entwurf zur Realisierung eines „respektierten Areals" am Isartor in München (2002). Die Prozess-Skulptur „Gewächshaus" (2005) ist in Zusammenarbeit mit Johanna Bartl und Wieland Krause entstanden und ermöglichte Wildwuchs auf dem Gelände des ehemaligen Klostergartens in Magdeburg unter einem Metallgerüst der VEG Gewächshausanlage Vockerode (http://www.prozess-skulptur-gewaechshaus.de/), ist jedoch leider 2013 auf Betreiben des Oberbürgermeisters abgebaut worden. Das respektierte Areal Halde Beerwalde markiert durch Metallkegel und Inschriftenplatten einen Wanderweg (2007).

Verständnis des Begriffes „Material" die Grundlage bildet[38] und Materialien der Natur eine besondere Rolle spielen[39]. Im Selbstverständnis des Künstlers ist der naturverbundene und spartanische Lebensstil wesentliches Element der künstlerischen Arbeit.[40] Intensive Naturbeobachtung ist grundlegend geworden und mag auch dazu beigetragen haben, dass in den aktuellen Arbeiten verstärkt gegenständliche Elemente Eingang finden.[41]

Mitte der 1970er Jahre hatten sich Frieder Heinze und Olaf Wegewitz kennengelernt; seit Anfang der 1980er Jahre entstanden gemeinsame Bücher und Grafikmappen.[42] 1980 eröffneten sie ihre

38 „Mir war ziemlich schnell bewusst, dass das Material ein wichtiges Transportmittel für den Geist ist. Wir müssen das, was wir denken, in Material, in Form ausdrücken, sei es die Schriftsprache, die Zeichnung, die Plastik oder die Geste.", zitiert nach Liebermann 2015, S. 74.

39 Unter den Künstlerbüchern sind diesbezüglich solche besonders hervorzuheben, die das Material auch zum Thema machen: Wegewitz, Holzbuch, 1981; Wegewitz, Großes Buch vom Nestbau, 1982; Wegewitz, Kleines Pflanzenteilbuch, 1985. Naturmaterialien sind auch Teil der Gestaltungs-Konzepte zum „DenkOrt" für die 1938 abgerissene Synagoge in Halberstadt (2003, vgl. dazu: Wegewitz 2010) und bei der Fußbodenarbeit in der Landesvertretung von Sachsen-Anhalt in Berlin (2006–08).

40 Die traditionelle und nachhaltige Nutzung der Natur ist Thema seines Lebens und seiner Kunst gleichermaßen. Daher zählt Olaf Wegewitz die Bienenhaltung und die Pflege seiner Obstbaumplantage zu seinen künstlerischen Ausdrucksformen.

41 Als eine Form der Landschaftsmalerei kann man sein letztes großes Werk wohl bezeichnen, in dem Wegewitz eine Wanderung verarbeitet, die ihn und seinen Sohn auf dem 11. Längengrad durch Deutschland führte. Eine 100 Meter lange Leinwand ist in einer selbstgebauten Holzkonstruktion zwischen zwei parallel übereinander befindliche Rollen gespannt und kann über einen Mechanismus von der einen auf die andere gerollt und so Abschnitt für Abschnitt betrachtet werden. Geradewegs, Holz/Kasein auf Leinwand, 258 x 171 cm, Sammlung des Kunstmuseums Kloster Unser Lieben Frauen Magdeburg. Siehe auch die gleichnamige Publikation: Akat. Olaf Wegewitz – Geradewegs, 2014.

42 Wegewitz, N.A. Achmatowa, Beschwörung. P. Verlaine, Weisheit, 1982; Heinze/Wegewitz, O. T., 1987; Heinze/Wegewitz, STEINCHEN IM SAND, 1987; Heinze/Wegewitz, ungebrochen, 1988; Heinze/Wegewitz, Begleitbuch zur Ausstellung Neue Dresdner Galerie, 1989; Akat. Herbst Zeit Lose, 1990. Darüber hinaus waren Heinze und Wegewitz an Gemein-

erste gemeinsame Ausstellung in der Galerie am Sachsenplatz in Leipzig mit der Vorführung einer Zeichenmaschine, die aus einem Klavier gebaut war und mit mehreren farbigen Stiften auf ein Papierband malte.[43] Viele weitere Ausstellungen[44] und Projekte[45] entstanden in einer engen und stetigen Zusammenarbeit. Das Gemeinschaftsprojekt ŭna͡ulŭtŭ́ ist Zeugnis für eine anregende Künstlerfreundschaft.

2.2 Die kulturpolitischen Strukturen in der DDR

Nach der Vorstellung der Parteispitze sollte Kunst hauptsächlich zur Volkserziehung im Sinne des Sozialismus beitragen.[46]

---

schaftskünstlerbüchern mit anderen Künstlern beteiligt: Akat. 1. Leipziger Herbstsalon, 1984; Blindenbuch, 1988; Common Sense, 1989; 5 Jahre Edition Augenweide, 1991. Verzeichnet in: Akat. Bucharbeit, 1994; Akat. Eintritt außen vor, 2000.

43 Das Klavier entstand in Zusammenarbeit mit Dietrich Oltmanns. Auf dem linken und mittleren Teil der Tastatur konnten elektronische Tonsignale und pneumatisch erzeugte Töne angespielt werden. Der rechte Teil der Tastatur bewegte über eine Mechanik mehrere Stifte, die auf einem aufgerollten Papierband Linien zogen.

44 Neben der Ausstellung in der Galerie am Sachsenplatz in Leipzig (Staatl. Kunsthandel, 1980) sind zu nennen: Galerie am Thomaskirchhof in Leipzig (1986); Galerie Brusberg (1986); Kleine Galerie Süd in Leipzig (Kulturbund, 1987); Neue Dresdener Galerie (Staatl. Kunsthandel, 1989); Galerie Carl Blechen in Cottbus (1989). Wichtige Ausstellungsbeteiligungen waren: „Plastiken und Objekte von Malern und Grafikern" in der Orangerie des Schlosses Dessau-Mosigkau (1979); „Von Merz bis heute" im Lindenau-Museum in Altenburg (1987).

45 Rauminstallation zu Welimir Chlebnikow in der Ausstellung „Segel der Zeit" im Lindenau-Museum in Altenburg (1985); Installation zur Friedensdekade, mit 17m hohen bemalten Seidenpapierkaschuren in der Kuppel der Nikolaikirche in Potsdam, zusammen mit Hans-Hendrik Grimmling und Dietrich Oltmanns (1985); Rauminstallation „Acharat" in der Ausstellung „Der Berg ruft" im Lindenau-Museum in Altenburg, zusammen mit Volker Baumgart (1986); Rauminstallation „Arche" zur Friedensdekade in der Martini-Kirche in Halberstadt, zusammen mit Dietrich Oltmanns, Ralf Klement und Fritz Müller (1986).

46 Walter Ulbricht: Welches sind die Hauptaufgaben auf dem Gebiet der Kultur?, in: Neues Deutschland vom 23.7.1950, S. 7.

Für die Durchsetzung dieses Ziels standen verschiedene Einrichtungen zur Verfügung, wobei zwischen den kulturpolitischen Strukturen des Staates und denen der Partei unterschieden werden muss, auch wenn deren Wirkungsbereiche stark ineinandergriffen.[47] Höchste Entscheidungsinstanz im Land war das Zentralkomitee der SED (ZK), das jedoch über 200 Mitglieder hatte und in den 80er Jahren nur noch zwei Mal im Jahr tagte, so dass in der Praxis die Entscheidungen im Sekretariat des ZK und dem Politbüro der SED getroffen wurden. Beide wurden vom Generalsekretär, ab 1971 in der Person Erich Honeckers, geleitet. Honecker erhielt Berichte von allen untergeordneten Parteistellen, aber auch von parteiunabhängigen Kulturinstitutionen und hatte damit allen anderen gegenüber einen erheblichen Informationsvorsprung.[48] Er hatte außerdem die Macht, in letzter Instanz in Entscheidungsprozesse einzugreifen. Kurt Hager war sowohl Mitglied des Politbüros, als auch der im Sekretariat des ZK für die Kunst- und Kulturpolitik der SED zuständige Sekretär und stellte damit im Bereich der Kultur unter Honecker die höchste Instanz dar.[49] Ihm untergeordnet war Ursula Ragwitz, die zwischen 1976 und 1989 die Leitung der Abteilung Kultur im ZK innehatte.[50] Diesen zentralen Organen waren wiederum regionale Organe untergeordnet, wie die Bezirksleitungen (BL) und die Kreisleitungen.

---

47 Die folgende Beschreibung der politischen Strukturen stützt sich größtenteils auf die Untersuchungen von Joachim Ackermann: Ackermann 2000; siehe außerdem: Schroeder 1998.

48 Ackermann 2000, S. 17.

49 Ackermann zeigt, dass Hager von Honecker kulturpolitische Entscheidungen oder auch den Entwurf für eine öffentliche Rede absegnen ließ, bevor er sie umsetzte. Ackermann 2000, S. 17f. Ackermann weist außerdem darauf hin, dass Erich Mielke, der Minister für Staatssicherheit, im Politbüro eine Art Sonderstellung einnahm und Hager im Zweifelsfall überstimmen konnte. Ebd., S. 25.

50 Auch Ragwitz hat sich oft bei der nächst höheren Instanz, also bei Hager, rückversichert. Nach Ackermann 2000, S. 25 sind Briefe von Ragwitz mit der Frage „...wie wir uns hier verhalten sollen..." oder der Formulierung „...bitte dich herzlich um deinen Rat..." keine Seltenheit.

Die eben beschriebene Parteistruktur bestand parallel zur Staatsstruktur der DDR, deren wichtigste Elemente die Volkskammer, der Ministerrat und der Staatsrat waren. Die Volkskammer, die als eine Art Parlament fungierte, wurde alle vier Jahre durch die Bevölkerung „gewählt", wobei es keine konkurrierenden Listen, sondern nur eine Einheitsliste gab. Die Liste der „Nationalen Front" umfasste Kandidaten der SED und anderer sogenannter „Blockparteien", die der Wähler in der Regel bestätigte, indem er die Liste unbesehen in die Wahlurne warf.[51] Die Volkskammer wählte den Staatsrat und den Ministerrat sowie den Generalstaatsanwalt und das Oberste Gericht. Der Staatsrat, dem unter anderem die Vorsitzenden der Parteien und führende SED-Funktionäre angehörten, kann als kollektives Staatsoberhaupt verstanden werden. Der Ministerrat, der ebenfalls aus Mitgliedern der SED zusammengesetzt war, bildete die Regierung mit allen Ministerien, Staatssekretariaten, Ämtern und Verwaltungsorganen. Formal war das darin enthaltene Ministerium für Kultur (MfK) eine staatliche Institution, in der Praxis aber dem Politbüro unterstellt und der Abteilung Kultur des ZK der SED rechenschaftspflichtig. Personalentscheidungen und Arbeitsaufgaben des Ministeriums unterlagen der Kontrolle des ZK; und der zwischen 1973 und 1989 amtierende Kulturminister Hans-Joachim Hoffmann besprach sich in Zweifelsfällen mit Kurt Hager. In den Untersuchungen Joachim Ackermanns wird deutlich, dass die Parallelität der Partei- und der Staatsstruktur nicht im Detail geregelt war, dass jedoch „die Autorität der Partei und damit ihrer Funktionäre in der Regel für die Arbeit des Ministeriums für Kultur der DDR das Maß ihres Handelns war".[52]

51 Nur wer gegen die Liste stimmen wollte, musste in die Wahlkabine gehen – demnach ein von vornherein verdächtiger Weg. Weder Wahlgesetz noch Wahlordnung war zu entnehmen, wie eine Nein-Stimme auf dem Stimmzettel gekennzeichnet werden kann. Zur Wahl-Praxis in der DDR siehe: Kloth 2000, insb. S. 101–113.

52 Ackermann 2000, S. 49.

Formal parteiunabhängig war auch der Verband Bildender Künstler (VBK)[53]; das Sekretariat des ZK konnte jedoch in Finanzplanungen und Personalentscheidungen eingreifen. Für die Arbeit eines Künstlers konnte es große Einschränkungen mit sich bringen, dass neben den Organisationsstrukturen der Partei in der Praxis keine unabhängigen Kultureinrichtungen existierten. Entsprach seine Kunst nicht den Vorstellungen der Partei, konnte es ihm zum Beispiel versagt bleiben, in den VBK aufgenommen zu werden, was vor allem wirtschaftliche Schwierigkeiten mit sich brachte. Die Mitgliedschaft im VBK berechtigte Künstler dazu, freischaffend zu arbeiten, in den Galerien des Staatlichen Kunsthandels beziehungsweise des Kulturbundes auszustellen, die Geschäfte für Künstlerbedarf zu nutzen sowie einen geringeren Steuersatz in Anspruch zu nehmen. Wer nicht Mitglied war, musste also einen anderen Beruf ausüben und konnte nur nebenher unter erschwerten Bedingungen künstlerisch arbeiten.[54]

Olaf Wegewitz, der Autodidakt war, wurde erst 1978 aufgenommen, nachdem er gegen eine Ablehnung seiner Bewerbung protestiert hatte.[55] Als Student der Leipziger Hochschule für Grafik und Buchkunst war Frieder Heinze hingegen 1974 in den VBK aufgenommen worden. Er hatte sich darüber hinaus in die Sektionsleitung des VBK wählen lassen.[56]

---

53 1950 als „Verband Bildender Künstler Deutschlands" konstituiert, ab 1969 als VBK der DDR weitergeführt. Der Verband war in Gattungs-Sektionen eingeteilt und entschied über Vergabe von Stipendien, Preisen, Verteilung von öffentlichen Aufträgen, Organisation von Ausstellungen etc.

54 z. B. bei Grundmann/Michael/Seufert 1996, S. 13.

55 Wie Wegewitz berichtete, war die Ablehnung mit „abseitiger Bildfindung" begründet worden. Wegewitz habe daraufhin Beschwerde eingelegt, mit dem Argument, dass die Formulierung auf nationalsozialistischem Vokabular beruhe. Da er einen wunden Punkt getroffen habe, sei das Anliegen abermals verhandelt worden und diesmal mit einer Stimme Mehrheit die Aufnahme in den Verband entschieden worden. Gespräch mit Wegewitz am 17.1.2012, Huy-Neinstedt.

56 Heinze habe damit das kulturpolitische Geschehen beeinflussen wollen. Gespräch mit Heinze am 23.8.2011, Groß Pelsen. Frieder Heinze und Hans-Hendrik Grimmling waren 1983 in die Sektionsleitung des VBK ge-

Der „Kulturbund zur demokratischen Erneuerung Deutschlands" (KB) war bei seiner Gründung 1945 ebenfalls eine unabhängige und unparteiliche Institution. Letztlich wurde der KB aber auch von der Partei kontrolliert und kann zu den vielen Massenorganisationen gezählt werden, welche die Funktion hatten, bestimmte soziale Gruppen zu organisieren und damit zu kontrollieren.[57] Ackermann fasst zusammen, dass die Partei im Zweifelsfall „das letzte, entscheidende Wort" hatte und „hohe SED-Funktionäre in Einzelfällen willkürlich entscheiden" konnten.[58] Darüber hinaus darf der Einflussbereich des Ministeriums für Staatssicherheit (MfS), das gewissermaßen im Auftrag der Partei handelte, nicht unterschätzt werden.[59] Erste Anwerbungen sind ab 1957/58 nachgewiesen, erste Überwachungen von Künstlern sind Anfang der 60er Jahre aktenkundig. Zu den überwachten Kultur-Institutionen zählten die Akademie der Künste, der VBK, die Museen und Hochschulen sowie der Staatliche Kunsthandel,

---

wählt worden, Sektion Malerei und Grafik, Günther Huniat sogar als stellvertretender Vorsitzender. „Bei dieser Sitzung", berichtet Wegewitz, „haben wir es geschafft [...] praktisch vor dem ‚Herbstsalon' ein Übergewicht von Andersdenkenden im Vorstand zu schaffen." Liebermann 2015, S. 79, vgl. auch S. 113. Grimmling sagt außerdem, sie haben sich „direkt in die gegeben Strukturen einmischen" wollen, um z. B. durchzusetzen, „daß wir ganz offiziell in der Lassallestraße eine freie, selbständige Galerie eröffnen" könnten, was er nachträglich als „naiv und natürlich ergebnislos" bewertet. Grundmann/Michael/Seufert 1996, S. 35.

57 Vergleichbare Massenorganisationen waren der FDGB, die FDJ oder die Gesellschaft für Deutsch-Sowjetische Freundschaft. Im KB organisierten sich Verbände, Fachgruppen, Interessen- und Arbeitsgemeinschaften, Gesellschaften, Fachausschüsse sowie die sog. Zentralen Kommissionen u. a. für Denkmalpflege, Bildende Kunst, Literatur, Musik, Film, etc. Grundmann/Michael/Seufert 1996, S. 12.

58 Ackermann 2000, S. 71. Der Generalsekretär griff z. B. direkt in Personalentscheidungen der 1950 neu gegründeten Akademie der Künste (AdK) ein. Ebd., S. 18.

59 Klaus Schroeder schreibt, dass das Ausmaß „selbst die Vermutungen scharfsinniger und weitsichtiger Analytiker" übertroffen habe. Schroeder 1998, S. 430. Zum folgenden Absatz siehe außerdem Fricke 1982, S. 97–141 sowie Offner 2000. Die Untersuchungen von Hannelore Offner stützen sich auf Dokumente aus Archiven der Partei, des MfS, des VBK und der Akademie, sowie auf Zeitzeugenbefragungen.

der Kulturbund und die Verlage. Im Gegensatz zu den Repressionen des MfS in den 50er und 60er Jahren, postuliert Hannelore Offner für die 70er und 80er Jahre subtilere Methoden.[60] Zum Beispiel waren Arbeits- oder Ausstellungsverbote selten generell über einen Künstler verhängt, sondern resultierten oft „nur" aus einzelnen, von Bürokratie und Stasi in den Weg gelegten Steinen sowie der Befangenheit von Galeristen und Museumsleuten, einen Künstler auszustellen, der von der Partei kritisiert worden war. Das MfS hat durch Repressionen oder Privilegien ganze Lebenswege beeinflusst.

Unzufrieden mit der Privilegierung parteikonformer Künstler, die zu Ausstellungsbesuchen in den Westen reisen durften, waren Frieder Heinze und Olaf Wegewitz 1984 an der Formulierung eines Protestschreibens beteiligt, in dem sie forderten, „daß auf schriftliche Anträge verbindliche schriftliche Antworten erteilt werden [und], daß klare Kriterien der Antragsgewährung fixiert und im Mitteilungsblatt des ZV [Zentralvorstand des VBK] be-

60 Als „bewährte anzuwendende Formen" der „Zersetzung" werden in Richtlinie 1, 1976 aufgeführt: „- systematische Diskreditierung des öffentlichen Rufes, des Ansehens und des Prestiges auf der Grundlage miteinander verbundener wahrer, überprüfbarer und diskreditierender sowie unwahrer, glaubhafter, nicht widerlegbarer und damit ebenfalls diskreditierender Angaben / - systematische Organisierung beruflicher und gesellschaftlicher Mißerfolge zur Untergrabung des Selbstvertrauens einzelner Personen / - Zielstrebige Untergrabung von Überzeugungen im Zusammenhang mit bestimmten Idealen, Vorbildern usw. und die Erzeugung von Zweifeln an der persönlichen Perspektive / Erzeugung von Mißtrauen und gegenseitiger Verdächtigung innerhalb von Gruppen, Gruppierungen und Organisationen / - Erzeugung bzw. Ausnutzung und Verstärkung von Rivalitäten innerhalb von Gruppen, Gruppierungen und Organisationen durch zielgerichtete Ausnutzung persönlicher Schwächen einzelner Mitglieder / - Beschäftigung von Gruppen, Gruppierungen und Organisationen mit ihren internen Problemen mit dem Ziel der Einschränkung ihrer feindlich-negativen Handlungen / - örtliches und zeitliches Unterbinden bzw. Einschränken der gegenseitigen Beziehungen der Mitglieder einer Gruppe, Gruppierung oder Organisation auf der Grundlage geltender gesetzlicher Bestimmungen, z. B. durch Arbeitsplatzbindungen, Zuweisungen örtlich entfernt liegender Arbeitsplätze usw." BstU, ZA, Dst. 3234, Richtlinie 1/76 zur Entwicklung und Bearbeitung Operativer Vorgänge (OV), zitiert nach: Offner 2000, S. 171f.

kanntgegeben werden."[61] Das von 46 Künstlern unterzeichnete Schreiben war an den Präsidenten des VBK Willi Sitte gerichtet, bald waren aber auch das Kulturministerium, Ursula Ragwitz vom ZK und Kurt Hager aus dem Sekretariat des ZK informiert. In Absprache mit dem MfS erhielt der beteiligte Günther Huniat in der Folge ein Parteiverfahren; Jürgen Schäfer wurde als Kandidat des Bezirksvorstandes abgesetzt, und Huniats sowie Baldwin Zettls Anträge auf Westreisen wurden abgelehnt.[62]

Neben der verstärkten Kontrolle durch das MfS in den 70er und 80er Jahren wird andererseits auf eine „aufblühende alternative Kunstszene" für diese Jahrzehnte verwiesen.[63] Für die 70er Jahre, in denen Frieder Heinze und Olaf Wegewitz begannen, künstlerisch aktiv zu sein, beschreibt Günter Feist Tendenzen, die unter Walter Ulbricht nicht möglich gewesen seien, darunter die Zunahme der Stilpluralität, die Entstehung einer neuen Käufer- und Sammlergeneration sowie die Vermehrung der kleinen Galerien des Kulturbundes.[64] In der auf die zentrale Figur des Generalsekretärs ausgerichteten politischen Struktur sind die Phasen von Lockerung und Verschärfung innerhalb der Kontroll-Politik der DDR häufig in den öffentlichen und veröffentlichten Reden des Generalsekretärs nachzuvollziehen, da seine Aussagen als Maßstab für politisches Handeln angesehen wurden.[65] Zum Schlüsselbegriff für den Beginn der 70er Jahre war die 1971 proklamierte „Breite und Vielfalt" geworden.[66] Im sel-

61 SAPMO-BArch DY 30, 42316, zitiert nach: Offner 2000, S. 197f.; vgl. dazu außerdem: Liebermann 2015, S. 113–125.

62 Offner 2000, S. 197f.

63 Feist/Gillen 1990, S. 6.

64 Ebd., S. 6. Ulbricht war 1971 von fast allen Ämtern zurückgetreten. Die letzten Jahre seiner Amtszeit waren v. a. geprägt durch die Direktiven des sog. „Kahlschlagplenums", des 11. Plenums des ZK vom 16.–18.12.1965. Unter dem Schlagwort „Kampf gegen den Skeptizismus" waren Bücher, Theaterstücke, Filme und Musik verboten worden.

65 Schroeder 2000, S. 17; außerdem z. B.: Vlasic 2007.

66 Honecker sprach von „Breite und Vielfalt der neuen Lebensäußerungen", deren Erfassung er als eine der Aufgaben der Kunst sah. Erich Honecker:

ben Jahr verkündete Honecker sogar den Verzicht auf inhaltliche und stilistische Tabus im Rahmen der sozialistischen Ideologie.[67] Dieser Stellungnahme war in den 50er und 60er Jahren die „Formalismus-Debatte" vorausgegangen, in der die sogenannte „formalistische" oder auch „nicht-realistische" Kunst angegriffen worden war.[68] Spätestens aber mit der Ausbürgerung des Liedermachers Wolf Biermann 1976 war die Direktive von „Weite und Vielfalt" erneut in Frage gestellt worden.[69] Auch die Um-

---

Bericht des ZK der SED an den VIII. Parteitag, 15.–19.6.1971, SAPMO/DDR, DY/30/IV 1/VIII, 1, Bd. 1, S. 160, zitiert nach: Feist/Gillen 1990, S. 76f. Walter Ulbricht hatte bereits 1963 von „Weite, Vielfalt und Reichtum unserer sozialistischen Kultur" gesprochen. Vgl. Walter Ulbricht auf dem VI. Parteitag der SED vom 15.–21.1.1963, SAPMO/DDR, DY 30/ IV 1/ VI/ 1, Bd. 1, S. 157, zitiert nach: Heinke 2009, S. 39.

67 „Wenn man von der festen Position des Sozialismus ausgeht, kann es meines Erachtens auf dem Gebiet von Kunst und Literatur keine Tabus geben. Das betrifft sowohl die Fragen der inhaltlichen Gestaltung als auch des Stils – kurz gesagt: die Fragen dessen, was man die künstlerische Meisterschaft nennt." Erich Honecker: Schlusswort auf der 4. Tagung des ZK der SED, 17.12.1971, SAPMO/DDR, DY 30 IV 2/1, Bd. 446, S. 383, zitiert nach: Heinke 2009, S. 42.

68 Als Auftakt der Debatte wird ein Artikel von Alexander Dymschitz angesehen, der in zwei Teilen in der „Täglichen Rundschau" vom 19. und 24.11.1948 unter dem Titel „Über die formalistische Richtung in der deutschen Malerei" erschien. Dymschitz schrieb u. a. die Kunst der Formalisten sei „krank und unlebendig". Der darauf reagierende Artikel in derselben Zeitung vom 17.12.1948 von Herbert Sandberg unter dem Titel „Der Formalismus und die neue Kunst" markiert den Gegenpol innerhalb der Debatte. „Den bürgerlichen Künstlern", heißt es dort, „sollten wir nicht nur hochmütig Dekadenz vorwerfen und drittklassige Künstler, nur weil sie soziale Themen illustrieren, für bedeutender halten als Schmidt-Rottluff.", zitiert nach: Feist/Gillen 1990, S. 15. Walter Ulbricht argumentiert z. B. 1951 in einer Rede vor der Volkskammer gegen die abstrakte Malerei und solche, die er abschätzig „Grau-in-Grau-Malerei" nennt. Sie sei „ein Ausdruck des kapitalistischen Niedergangs" und stehe „in schroffstem Widerspruch zum neuen Leben in der Deutschen Demokratischen Republik.", Neues Deutschland, 01.11.1951, zitiert nach: Feist/Gillen 1990, S. 21. Corinna Halbrehder weist darauf hin, dass das Programm von „Breite und Vielfalt" als eine nachträgliche „Absegnung" einer bereits laufenden Entwicklung zu verstehen sei. Halbrehder 1995, S. 184.

69 Biermann durfte nach einem Konzert in Köln am 13.11.1976 nicht mehr in die DDR einreisen.

strukturierung der ursprünglich von Ursula und Günther Feist vorbereiteten zentralen DDR-Ausstellung zum 30. Jahrestag der DDR 1979 zeigt im Rückblick, dass der „Weite und Vielfalt" Grenzen gesetzt waren.[70] Deutlich wurden diese Grenzen zum Beispiel auch in einem Referat von Karl Max Kober auf der vierten Tagung des Zentralvorstandes des VBK von 1980, das in der Zeitschrift „Bildende Kunst" veröffentlicht wurde.[71] Unter dem Titel „Die Verantwortung des Künstlers in unserer Zeit" hatte Kober auf alten Kunstnormen beharrt und von Nicht-Realisten eine „Begründung und Erklärung ihres Tuns" gefordert. Er hatte sich von bestimmten zeitgenössischen Kunstrichtungen distanziert, als er schrieb, „bei allem Willen zur Offenheit" könne es nicht sein, „daß wir alles das als Kunst akzeptieren wollen, was irgendjemand dazu erklärt". Kober appellierte an die Verantwortung des Künstlers, da dieser, ob er wolle oder nicht, „ideologischer Mittäter der Menschheitsgeschichte" sei. Vor allem junge Künstler und Kunstwissenschaftler begegneten dieser Rede mit Protesten, an denen auch Olaf Wegewitz beteiligt war. Wegewitz konterte mit dem Artikel „Über die Nichtrealisten" und kritisierte, dass „die von K. M. Kober als nichtrealistisch bezeichnete Kunst eigentlich nie Gelegenheit hatte, sich zu artikulieren" und bedauerte, dass „ein soziales und gesellschaftliches Wirken [...] zum Privileg einer bestimmten Strömung werden" solle.[72] Er schrieb: „Ich sehe keinen Wettbewerb von Kunstrichtungen [...].

70 Die bereits gehängte Ausstellung „Weggefährten – Zeitgenossen – Bildende Kunst aus drei Jahrzehnten" im Alten Museum Berlin war am Nachmittag des 1.10.1979 abgebaut und für die Eröffnung am 4.10. neu konzipiert worden. Feists hatten das Anliegen, Künstler wie Hermann Glöckner, Willy Wolff, Curt Querner, Gerhard Altenbourg, Edmund Kesting, Horst Strempel und Horst de Marées zu würdigen, die im Kulturbetrieb der DDR eher in der Peripherie angesiedelt waren. Nach dem Umbau sei das „politisch-pathetische Element" mit einem Monumentalwerk von Willi Sitte deutlich verstärkt worden, bemerken die Autoren der Chronologie „Kunstkombinat DDR". Feist/Gillen 1990, S. 116f.

71 Bildende Kunst, 2/1980, in Auszügen abgedruckt in: Feist/Gillen 1990, S. 120f.

72 Bildende Kunst, 10/1980, in Auszügen abgedruckt in: Feist/Gillen 1990, S. 124.

So etwas ist der Kunst fremd. Auch betrachte ich mich weder als Ordnungshüter noch als Angestellter der Gesellschaft."

Die nach 1950 geborenen Künstler waren „nicht mehr bereit, den starren Forderungen der sozialistischen Kulturbürokratie Folge zu leisten", so schätzt Helgard Sauer die damalige Situation ein.[73] Es bildete sich eine Kunstszene heraus, die jenseits des offiziellen Kunstbetriebs in Privatwohnungen, Ateliers, inoffiziellen Galerien und im kirchlichen Rahmen agierte und eine „kaum überschaubare Vielfalt künstlerischer Ausdrucksformen" hervorbrachte.[74] In einer Untersuchung zu Leipzig wird postuliert, dass diese Entwicklung im Vergleich zu anderen Städten dort relativ unbehelligt vonstatten gehen konnte, was mit den besonderen Einreisebestimmungen während der Messe begründet wird, welche den Austausch mit Bürgern der BRD erleichterten, sowie mit personalen Ursachen in der SED-Bezirksleitung.[75]

2.3 Der 1. Leipziger Herbstsalon[76]

Einen ersten „programmatische[-n] Versuch [...], die staatlich verkündete Weite und Vielfalt beim Wort zu nehmen", wie es Lutz Dammbeck in einem Rückblick zum 1. Leipziger Herbstsalon formuliert[77], hatten er, Andreas Dress, Hans-Hendrik

73 Sauer 1992, S. 9. Sauers Artikel „Nonkonforme Kunst – illegale Bücher in der DDR" ist in leicht abgewandelter Form ein weiteres Mal erschienen. Vgl. Sauer/Nievers 1994. Eugen Blume erkennt bereits 1989 eine verstärkte Hinwendung zur gegenstandslosen Kunst bei dieser Künstlergeneration. Blume 1989, S. 28f.

74 Sauer 1992, S. 9.

75 Grundmann/Michael/Seufert 1996, S. 8.

76 Zum „1. Leipziger Herbstsalon" siehe den originalgrafischen Ausstellungskatalog: Akat. 1. Leipziger Herbstsalon, 1984. Außerdem: Werner 1990; Liebermann 2005; Grimmling 2008, S. 166–183 sowie die Monographie von Doris Liebermann mit Abschriften interessanter Dokumente im Anhang: Liebermann 2015.

77 Bericht von Lutz Dammbeck (aus dem Dokumentarfilmfragment „Leipziger Herbstsalon" 1986/87 von Lutz Dammbeck und Thomas Plenert), in: Feist/Gillen 1990, S. 159f.; ebenfalls abgedruckt bei: Dammbeck 1996.

Grimmling, Günther Huniat, Karin Plessing, Gregor Torsten Schade sowie Frieder Heinze 1976 mit dem intermedialen Ausstellungsprojekt „Tangente“ unternommen. Die Künstler hatten das Projekt und die benötigten Gelder beantragt und bereits eine Zusage bekommen, doch letztlich ließ die Kulturbürokratie die Ausführung nicht zu. Dammbecks Rückblick charakterisiert den sogenannten „1. Leipziger Herbstsalon“[78] als ein Projekt, das Freiräume auf andere Art suchte, als das gescheiterte Ausstellungsprojekt „Tangente“, aber auch anders als die vielen inoffiziellen und in Privaträumen stattfindenden Ausstellungen: „Flagge zeigen – entgegen dem Mief der Underground-Zimmertheater den eigenen Anspruch an die Öffentlichkeit zu drücken – unzensiert. Mitten im Herzen der Stadt ein Messehaus mieten und eine Ausstellung machen“.[79] Mit dem Leipziger Herbstsalon veranstalteten die Künstler 1984 die erste selbstorganisierte und selbstfinanzierte, nicht staatlich genehmigte Ausstellung in einem repräsentativen Gebäude der DDR, dem am Markt gelegenen Messehaus Leipzig. Das Monopol der Parteipolitik in allen Belangen der Kultur war damit provokativ in Frage gestellt worden, konstatiert Dammbeck.[80] Der Versuch des Direktors des Leipziger Messeamtes, die Ausstellung durch eine Annullierung des Mietvertrages und einen Räumungsbescheid zu unterbinden, scheiterte. Die Künstler klagten gegen das Messeamt und den Rat des Bezirkes, da die Räume ordnungsgemäß von Günther Huniat gemietet worden waren[81], und kündigten an, aus Protest den Markt mit ihren Bildern zu blockieren. Als Mitglied der SED-Bezirksleitung vermittelte Bernhard Heisig zwischen den Künstlern und dem ZK der SED.[82] Daraufhin durfte

78 Der Titel entstand in Anspielung auf Herwarth Waldens Ersten Deutschen Herbstsalon von 1913, bei dem Werke der weniger etablierten Künstler der europäischen Avantgarde gezeigt worden waren.

79 Feist/Gillen 1990, S. 159 bzw. Dammbeck 1996, S. 36.

80 Ebd.

81 Man hatte Huniat die Räume wohl deswegen vermietet, weil man davon ausgegangen war, dass er in seiner Funktion als Mitglied der Sektionsleitung des VBK und nicht als Privatperson handle.

82 Heisig saß zwischen 1979 und 1984 in der Bezirksleitung Leipzigs.

die Ausstellung unter der Bedingung des Verzichts auf Werbung, Interviews und Westmedienkontakte stattfinden.[83] Diese Einschränkungen konnten jedoch nicht verhindern, dass in den vier Wochen fast 10.000 Besucher in dem als Werkstattausstellung angelegten Herbstsalon zu zählen waren. Während dieser vier Wochen arbeiteten Heinze und Wegewitz bereits für das Künstlerbuch ŭnâulŭtŭ und fertigten in den Räumen des Messehauses serielle Handzeichnungen an.

Der Herbstsalon löste einige Aufregung in den verschiedenen zuständigen kulturpolitischen Strukturen aus. In einem Bericht der Staatssicherheit vom 13.11.1984 heißt es: „Durch IM in Schlüsselposition wurde bekannt, daß die negativen bildenden Künstler Lutz Dammbeck, Günter Firit, Hendrik Grimmling, Frieder Heinze, Günther Huniat, Olaf Wegewitz unter Mißbrauch ihrer Verbandsmitgliedschaft bestrebt waren, eine Privatausstellung im Messehaus am Markt (1. Etage) zu organisieren. [...] Nach Ansicht des IM handelt es sich bei dem neg. Personenkreis von bildenden Künstlern wiederholt um einen Versuch, mit ihren negativ-feindlichen Kunstauffassungen eine Öffentlichkeitswirksamkeit zu erreichen. Weiterhin können diese Bemühungen als ein Versuch der Organisierung einer ‚Gegenausstellung' zur im Mai 1985 stattfindenden Bezirkskunstausstellung gewertet werden – und sind somit als verbandsschädigend zu betrachten."[84] Ein anderes Beispiel ist der im Nachlass von Karl Max Kober befindliche „Versuch einer Rekonstruktion von Vorgängen um den Leipziger Herbstsalon 1984" zur Information der Verbandsleitung in Berlin. Der Text enthält ein Gedächtnisprotokoll eines Ausstellungsgespräches vom 4.12.1984 sowie eine Text- und Bildanalyse des Ausstellungskatalogs.[85] Günther Huniat berich-

83 Vgl. die Vereinbarung in Form einer von Huniat und dem 1. Bezirkssekretär Dietmar Moosdorf unterschriebenen Aktennotiz vom 27.11.1984, abgedruckt in: Liebermann 2015, Abb. 17.

84 Zitiert nach der Abschrift des Berichtes in: Grimmling 2008, S. 173–175, hier S. 173.

85 Vgl. dazu Grundmann/Michael/Seufert 1996, S. 42f. Dort ist auch der Text aus dem Ausstellungskatalog zum 1. Leipziger Herbstsalon abgedruckt:

tete außerdem, dass wegen des Herbstsalons eine Sondersitzung bei der Abteilung Kultur des ZK in Berlin einberufen wurde, zu der Bernhard Heisig erscheinen musste, sowie eine Sondersitzung der Verbandsparteileitung, zu der er selbst geladen war.[86] Huniat und Hans-Hendrik Grimmling seien in der Folge auf Anweisung Willi Sittes aus der Sektionsleitung ausgeschlossen worden und Frieder Heinze aus Solidarität von selbst ausgetreten. Als Ursula Ragwitz, Leiterin der Abteilung für Kultur im ZK der SED, gemeinsam mit den „dienstverpflichteten Professoren“[87] Heisig, Sitte und Gerhard Kettner 1985 die kulturpolitischen Ziele der Partei vorstellte, wurde der 1. Leipziger Herbstsalon als ein Beispiel konterrevolutionärer Entwicklung bezeichnet, das beim nächsten Mal verhindert werden würde.[88] Im Jahr darauf verließen drei der am Herbstsalon beteiligten Künstler – Hans-Hendrik Grimmling, Lutz Dammbeck und Günter Firit – die DDR.

Klaus Werner: Geduld, Dulden, Ungeduld..., in: Grundmann/Michael/Seufert 1996, S. 41.
Karl Max Kober schrieb zu Werners Text in seinem „Versuch einer Rekonstruktion von Vorgängen um den Leipziger Herbstsalon 1984“ zur Information der Verbandsleitung in Berlin: „Ein Grundprinzip dieser Art von Kunstausübung sowie der entsprechenden Kommentare besteht darin, sich vieldeutig, hintergründig, also unklar auszudrücken. Alle so entstehenden Mißverständnisse oder den Autoren nicht zusagenden Deutungen können dann leicht der ‚mangelnden Bildung‘, der ‚fehlenden Verständnisbereitschaft‘ oder der ‚unentwickelten Phantasie‘ der Betrachter oder Rezipienten angelastet werden. […] Der Einleitungstext [von Werner] flankiert die Absichten der Künstler durch Mystifizierung in Form modischen Wortklingels.“ Weiterhin schrieb Kober: „Der Text ist ein geradezu klassischer Fall für die Bemühung, einen in der westlichen Kunstpublizistik üblichen Jargon nachzuvollziehen, und verdeckt im Nebel der Begriffe und Sentenzen Kritik an Kunstverhältnissen hierzulande.“ Zitiert nach: Grundmann/Michael/Seufert 1996, S. 42f.

86 Interview vom 29.7.1994, in: Grundmann/Michael/Seufert 1996, S. 28.

87 Feist/Gillen 1990, S. 160 bzw. Dammbeck 1996, S. 40.

88 Ebd.

2.4 Die Veröffentlichung des Künstlerbuches

Im Vergleich zu den vorangegangenen Jahrzehnten waren die 1980er Jahre für die künstlerische Buchproduktion sowohl im offiziellen Verlagssystem, als auch im „nonkonformen" Bereich eine fruchtbare Zeit.[89] Während die Verlagswelt durch einige wichtige Pressen-Gründungen bereichert wurde[90], stieg auch der Stellenwert von privat verlegten Büchern[91]. Da Textveröffentlichungen in jedem Fall genehmigungspflichtig waren, originale Druckgrafik jedoch erst ab einer Auflage von 100 Stück einer Druckgenehmigung bedurfte[92], bildete die enge Zusammenarbeit zwischen Schriftstellern und Künstlern eine Möglichkeit, die Zensur zu umgehen. Grafische Gestaltungen mit Text konnten in kleiner Auflage unbehelligt veröffentlicht werden.[93] Auf diese und andere Art wurde vielschichtig experimentiert; es entstanden Grafik-Lyrik-Bände, Siebdruckbücher und originalgrafische Ausstellungsbegleitbücher.[94] Jens Henkel zählt zwischen

89 Der Begriff „nonkonform" wird im gleichnamigen Ausstellungskatalog ganz bewusst verwendet. Ein einleitender Text beschreibt dort die Öffnung der Stasi-Archive und die anschließenden Diskussionen als einen Grund umzudenken: „Begriffe wie oppositionell, illegal, vor allem aber autonom ließen sich nicht mehr fraglos auf eine kulturelle Szene anwenden, die von der Staatssicherheit nicht unberührt gelassen worden war", weshalb sich die Herausgeber entschlossen haben den Begriff „nonkonform" zu nutzen. Akat. non kon form, 1992, S. 8.
Zur Vielfalt der Buchkunst-Szene in der DDR siehe darüber hinaus: Lang 2000; Scheffler 1997, S. 182–186; Sauer/Nievers 1994; Akat. Zwischen den Seiten, 1992; Henkel 1991.

90 Eine frühe Ausnahme bildete die Leipziger Presse, die bereits 1961 in Leipzig gegründet wurde und bis 1978 aktiv war. In den 80er Jahren folgten die Dürer-Presse im Reclam-Verlag (seit 1982), die Sisyphos-Presse bei Edition Leipzig (seit 1985) und die Gutenberg-Presse bei Reclam (seit 1989), allesamt in Leipzig. Siehe: Henkel 1991, S. 9; vgl. außerdem: Spindler 1988.

91 Henkel 1991, S. 9.

92 Festgelegt in der Honorarordnungen für bildende Künstler der DDR von 1971. Sauer 1992, S. 9f.

93 Maur 1992, S. 51; Sauer 1992, S. 9f.

94 Lang 2000, S. 200–203.

1980 und 1989 circa 300 im Eigenverlag und meist in Kleinstauflagen erschienene Buchtitel in der DDR.[95]

Als Standort der Hochschule für Grafik und Buchkunst und als Messeort, an dem die internationale Buchmesse ausgerichtet wurde, lieferte besonders die Stadt Leipzig einen guten Nährboden für buchkünstlerische Entwicklungen. In der Untersuchung zu illegalen Büchern in der DDR von Helgard Sauer und Knut Nievers wird für die meisten Künstlerbücher aus Leipzig „Kreativität, Ideenreichtum und künstlerische Perfektion" diagnostiziert.[96] Auch die Grafikband- und Buchprojekte von Frieder Heinze und Olaf Wegewitz waren vielfältig.[97] Neben Unikaten und Kleinstauflagen im Eigenverlag, wurden einzelne Arbeiten der beiden Künstler auch in der Verlagswelt gewürdigt. So war Frieder Heinze 1980 an einer Grafikmappe in der Reihe der Grafik-Editionen des Leipziger Reclam-Verlags beteiligt.[98] Ein in der Zusammenarbeit von Heinze und Wegewitz entstandenes Grafikbuch war sogar 1982 auf der Internationalen Buchkunstausstellung (IBA) in Leipzig zu sehen.[99]

Der Reclam-Verlag Leipzig hatte mit der Dürer-Presse sein Verlagsprogramm um großformatige illustrierte Kunstbände und Grafik-Editionen erweitert. Gründer der Dürer-Presse war Hans

95 Henkel 1991, S. 9.

96 Sauer 1992, S. 24.

97 Vgl. Akat. Eintritt außen vor, 2000 mit einem Werkverzeichnis der Künstlerbücher Heinzes und Akat. Bucharbeit, 1994 mit einem Werkverzeichnis der Künstlerbücher von Wegewitz. Frieder Heinze hatte bereits in den 70er Jahren gemeinsam mit Günther Huniat und Lutz Dammbeck „Originalgrafische Faltblätter" im Eigenverlag herausgebracht. Originalgrafische Faltblätter, 1976/77. Olaf Wegewitz begann Ende der 1970er Jahre Künstlerbücher zu gestalten.

98 Landschaft, 1980.

99 In der Kabinettausstellung „Neue Buchformen und Experimente" im Rahmen der IBA waren Heinze und Wegewitz vertreten: Heinze/Wegewitz, N. A. Achmatowa, Beschwörung. P. Verlaine, Weisheit, 1982; Wegewitz, Anleitung zu Betrachtungen, 1980. Vgl.: Akat. Neue Buchformen und Experimente, 1982, S. 12 und 13, mit Abbildungen auf S. 26 und 27.

Marquardt (1920–2004), der das Publikationsformat über Jahre hinweg gestaltete.[100] Als „Höhepunkte" und „Glanzleistungen" der Dürer-Presse werden zwei Publikationen genannt: Zum einen der 1. Druck der Dürer-Presse, das Künstlerbuch „Wund-Denkmale" von Gerhard Altenbourg (1984/85) und zum anderen ŭnaulŭtŭ (1986) als 6. Druck der Presse.[101] Beide Publikationen entstanden in Zusammenarbeit mit dem Westberliner Galeristen Dieter Brusberg (1935–2015), der bei Altenbourgs Buch sogar Initiator des Projektes war, wohingegen bei ŭnaulŭtŭ Marquardt „federführend" war.[102]

Ob die Initiative für das Buchprojekt ŭnaulŭtŭ zuerst vom Verlag oder von den Künstlern ausging, ist unklar.[103] Am Anfang stand die Idee, ein Buch zu gestalten, in dem Grafiken verschiedenster Drucktechniken Aufnahme finden sollten. Die Skizzenbücher des Ethnologen Fritz Krause (1881–1963) und die darin befindlichen Zeichnungen der Karajá, die Olaf Wegewitz im Völkerkundemuseum Leipzig entdeckt hatte, boten dann den inhaltlichen Ausgangspunkt für das Buch. Ende 1982 lieferten Heinze und Wegewitz einen ersten Entwurf an den Verlag und es fanden Gespräche mit der künstlerischen Leiterin Friederike Pon-

---

100 Links 2009, S. 298.

101 So zu lesen bei: Henkel 1991, S. 9; Lang 2000, S. 250; Gisela Schulz schreibt: „Die Drucke dieser Presse mit Original-Grafik kulminieren in diesem Buchexperiment [gemeint ist ŭnaulŭtŭ] und geben ein Beispiel für den Wagemut junger, zeitgenössischer DDR-Künstler, neue Stilmittel in ihr Konzept einzubeziehen". Schulz 1987, S. 48.

102 Brief von Dieter Brusberg vom 14.10.2011. Im Gespräch am 19.12.2011 in Berlin berichtete Brusberg, dass Altenbourg hohe Ansprüche an den Druck seines Buches gehabt habe. Der erste Druck der Presse habe sich dadurch mehrere Jahre hingezogen und das Werk erschien erst ein Jahr vor ŭnaulŭtŭ, dem sechsten Druck der Presse.

103 Wegewitz berichtet, dass die Initiative vom Verlag ausgegangen war und sich dessen Pläne mit den Überlegungen der Künstler getroffen hätten. Wegewitz, e-mail vom 29.10.2014. Heinze beschreibt hingegen, dass er und Wegewitz mit ihrer Idee zu einem „Nullbuch" zu Friederike Pondelik gegangen seien, der Typografin und künstlerischen Leiterin des Verlags, die Heinze bereits kannte. Liebermann 2015, S. 68.

delik statt.[104] Nachdem der Verlag ein Modell[105], Zeichnungen und Druckgrafikproben eingesehen hatte, wurden die Künstler 1983 für die konzeptionelle Phase unter einen Vorvertrag genommen. 1984 schritten die Planungen, Vorbereitungen und aufwendigen Materialbesorgungen soweit fort, dass nach Vorlage einer Entwurfsfassung mit Zeichnungen und Arbeitsfotos[106] der eigentliche Verlagsvertrag aufgesetzt wurde. Auch während des 1. Leipziger Herbstsalons arbeiteten Heinze und Wegewitz für ŭn͡aulŭtŭ̊.[107]

Materialbeschaffung und handwerkliche Produktion des Buches waren für die zwei Künstler nicht allein zu bewältigen. Die Materialien wurden aus unterschiedlichsten Gegenden zusam-

104 Die Rekonstruktion der Chronologie von Erarbeitung und Veröffentlichung beruht auf den Interviews mit Heinze und Wegewitz sowie dem „Arbeitsbericht", den die Künstler für die West-Ausgabe von ŭn͡aulŭtŭ̊ verfasst hatten. Eine Anfrage beim Reclam-Verlag hat leider ergeben, dass nur noch wenig Archivmaterial der Leipziger Verlagstätigkeit erhalten ist und zum ŭn͡aulŭtŭ̊-Projekt keine Unterlagen gefunden werden konnten.

105 Der in der Brusberg-Variante enthaltene Arbeitsbericht von Heinze und Wegewitz spricht von einem 1:6 Modell, an das sich beide Künstler heute jedoch nicht erinnern können.

106 Diese Fassung von ŭn͡aulŭtŭ̊ entspricht in Größe, Material und Bindung dem letztendlich ausgeführten Buch und umfasst detaillierte Entwurfszeichnungen für die geplanten Druckgrafiken sowie schwarz-weiß-Fotografien der ausgewählten Skizzenbuchseiten Krauses mit Karaja-Zeichnungen. Die Entwurfsfassung befindet sich bei Olaf Wegewitz.

107 Von Olaf Wegewitz sind freie Vorarbeiten zu ŭn͡aulŭtŭ̊ erhalten, die während des 1. Leipziger Herbstsalons entstandenen waren und nachträglich gebunden wurden. Wegewitz, Vorzeichnungen zu ŭn͡aulŭtŭ̊, 1983/84, verzeichnet in: Akat. Bucharbeit, 1994, Kat. 21.
An dieser Stelle sei auch das Künstlerbuch STEINCHEN IM SAND erwähnt, das nur die deutsche Übersetzung des Karajá-Begriffs als Titel trägt und in der Nachfolge des Künstlerbuches „ŭn͡aulŭtŭ̊ – Steinchen im Sand" entstanden ist. Es existiert in 7 Exemplaren und enthält von Heinze und Wegewitz übermalte Reproduktionen der Karajá-Zeichnungen. Heinze/Wegewitz, STEINCHEN IM SAND, 1987, verzeichnet in: Akat. Bucharbeit, 1994, Kat. 42; Akat. Neues Territorium, 1990, S. 35.
Ein aus Restbeständen der ŭn͡aulŭtŭ̊-Produktion gebundenes Buch, das nur einige der Grafiken und nicht alle Texte enthält, befindet sich im Privatbesitz der Autorin.

mengetragen: Das Miscantus-Schilf für die Bindung und das Gerüst der Buchdeckel stammt aus den Gärten der Künstler Manfred Kastner (Rügen), Otto Niemeyer-Holstein, Manfred Kandt und Susanne Kandt-Horn (Usedom) sowie aus dem agra-Park in Leipzig-Markkleeberg; die Palmblätter für eine Flechtarbeit sind im Botanischen Garten der Karl-Marx-Universität Leipzig gewachsen. Die Tischler Thomas Barthels (Eilsdorf) und Georg Wirshiehn (Datzow) fertigten die Buchrücken; Frauke Kowalski (Halle) und die Buchbinderei Baumgart in Leipzig wurden für die Buchbinder-Arbeiten eingesetzt; die Koloristinnen der grafischen Abteilung des „Verlags für die Frau" in Leipzig kolorierten Radierungen; um die Drucke kümmerten sich Gerhard Günther, Reinhard Rössler, Andreas Hanske, Gela und Hartmut Tauer, Dietrich Oltmanns und das Unternehmen „Offizin Andersen Nexö" in Leipzig; die Typografie übernahm Friederike Pondelik; die Jute-Beutel wurden in der Deutschen Werbe- und Anzeigengesellschaft (DEWAG) in Leipzig genäht und bedruckt.[108]

Dieter Brusberg, der von Marquardt angesprochen worden war, entschied sich ebenfalls aufgrund der Entwurfsfassung dafür, die halbe Auflage anzukaufen und als Co-Verleger in der BRD aufzutreten. Der Vertrag mit ihm wurde 1985 aufgesetzt. Die Verkaufsabwicklung lief über den Staatlichen Kunsthandel der DDR.[109] Zum 65. Geburtstag Marquardts im August 1985 waren zehn Voraus-Exemplare fertiggestellt worden; zum Jahreswechsel 1985/86 war die ganze Auflage vollendet.[110] Die Tatsache, dass

108 Alle beteiligten Personen werden im Impressum von ŭna͡ulŭtŭ aufgeführt.

109 Der Staatliche Kunsthandel hatte das Monopol für die Vertretung der Künstler im Ausland, konnte diesbezüglich über Restriktionen und Privilegien verfügen und sorgte für die durch den DDR-Staat begehrten Devisenbezüge. Pätzke 1990, S. 60. Brusberg habe nicht verstanden, so beschreibt es Wegewitz, dass es durchaus ein Gewissenskonflikt für die Künstler gewesen sei, mit dem Staatlichen Kunsthandel zusammenzuarbeiten. Gespräch am 17.1.2012 in Huy-Neinstedt.

110 Da das Buch zum Jahreswechsel fertiggestellt worden ist, sind Abweichungen in der Datierung entstanden. Auf dem Deckblatt der Ost-Exemplare ist das Jahr 1985 angegeben, wogegen die Jahresangabe neben den Künstlersignaturen und der Exemplarnummer am Ende des Buches mit-

die Künstler zur Buchpräsentation in der Galerie Brusberg am 26. Juli 1986, die eigentlich als eine Art Werkstattausstellung angelegt war[111], nicht nach West-Berlin ausreisen durften, deutete Brusberg als Ablehnung der künstlerischen Arbeit durch die DDR-Kulturpolitik.[112] Die Presse der BRD nahm die Präsentation in der Galerie Brusberg zum Anlass, um über ŭnâulŭtŭ̊ zu berichten und nahm auch auf die Verweigerung der Reisegenehmigung Bezug.[113] Es mag bezeichnend sein, dass ŭnâulŭtŭ̊ in der Tagespresse der DDR erst im Anschluss daran Beachtung fand.[114]

---

unter 1986 verzeichnet. Auf dem Deckblatt der West-Exemplare wird das Erscheinungsjahr 1986 genannt.

111 Vgl.: Einladungsprospekt zur Ausstellungseröffnung am 26.7.1986, Galerie Brusberg Berlin: „ŭnâulŭtŭ̊" – Steinchen im Sand. Frieder Heinze und Olaf Wegewitz, zwei junge Maler aus Leipzig, (26.7.–23.8.1986, Galerie Brusberg Berlin), Faltblatt A3.

112 Gespräch am 19.12.2011 in der Galerie Brusberg, Berlin. Auch Karin v. Maur führt das Ausreiseverbot darauf zurück, dass das Buch „keineswegs den herrschenden Kunstnormen" entsprochen habe. Maur 1992, S. 52. Andererseits wurde die Ausreise für eine Präsentation des Buches bei den Ruhrfestspielen in der Kunsthalle Recklinghausen 1988 gestattet (vgl. Akat. Magie des Buches, 1988, Kat. 59). Hans-Hendrik Grimmling äußerte im Gespräch außerdem die Vermutung, dass der Erfolg des Buches der Grund für eine Reiseerlaubnis nach Mexiko gewesen sei. Heinze durfte 1989 nach Kuba und Mexiko reisen. Beide Argumentationen sind – auch ohne die jeweils andere zu negieren – denkbar.

113 Heinz Ohff vom Berliner Tagesspiegel schreibt: „Die beiden Künstler aus Leipzig konnten an der Ausstellungseröffnung nicht teilnehmen. Dafür wurden vieldeutig ‚technische Gründe' ins Feld geführt". Ohff, Berliner Tagesspiegel, 27.7.1986. Der Autor Vogel von der Tageszeitung zitiert die Künstler mit der Aussage, dass ŭnâulŭtŭ̊ „das Gefühl fehlender Wege" beschreibe. „Brisant wird solches Ansinnen", schreibt Vogel, „wenn man sich vergegenwärtigt, daß die beiden Künstler in Leipzig leben und ihnen die Ausreise nach West-Berlin zur Ausstellungseröffnung verweigert wurde". Vogel, taz, 16.8.1986. Außerdem zur Präsentation des Buches in der Galerie Brusberg: C. B., FAZ, 25.8.1986. Die Presse-Artikel sind bereits bei Maur 1992, S. 52 aufgeführt. Wegewitz hat außerdem darauf hingewiesen, dass Peter Merseburger bereits 1985 für eine Fernseh-Dokumentation zum ŭnâulŭtŭ̊-Projekt bei Wegewitz und Heinze gedreht hat. Die Dokumentation sei am veranschlagten Sendetermin jedoch nicht ausgestrahlt, stattdessen ein Film über Wolfgang Mattheuer gezeigt worden.

114 Ende August erschienen ein Artikel in der Berliner Zeitung, der jedoch verstärkt die Verlagstätigkeit Marquardts in den Fokus nimmt und ŭnâulŭtŭ̊ nur in wenigen Sätzen erwähnt (o.V., Berliner Zeitung, 14.8.1986) sowie

2.5 ŭnaulŭtŭ im historischen Kontext

Das Künstlerbuch ŭnaulŭtŭ nimmt sowohl im Werk der Künstler als auch im Verlagsprogramm von Reclam eine besondere Stellung ein. In der künstlerischen Entwicklung von Frieder Heinze und Olaf Wegewitz ist ŭnaulŭtŭ als Schlüsselwerk anzusehen, da das Künstlerbuch bereits früh wesentliche Überzeugungen und Fragestellungen der Künstler enthält. ŭnaulŭtŭ ist aber vor allem – zusammen mit dem 1. Leipziger Herbstsalon – Ausdruck ihrer Bestrebungen, aus einem Nischendasein hervorzutreten und ihrer selbstbestimmten Kunst eine offizielle und öffentliche Plattform zu geben.[115] Umso bemerkenswerter ist es, dass die Publikation nicht durch staatliche Eingriffe behindert worden ist.

Für den Reclam-Verlag war ŭnaulŭtŭ zum einen durch den immensen Herstellungsaufwand ein Sonderfall, den das Buch mit der Fertigung der relativ hohen Auflage in Handarbeit bedeutet haben muss. Zum anderen überrascht bei einem derart aufwändigen Projekt die ungewöhnliche Zusammenarbeit zwischen einem Verlag wie Philipp Reclam jun. Leipzig und zwei jungen, eher im nonkonformen Umfeld agierenden Künstlern wie Heinze und Wegewitz, die darüber hinaus am „konterrevolutionären" 1. Leipziger Herbstsalon beteiligt waren. Allerdings war der Vertrag mit dem Reclam-Verlag zum Zeitpunkt des Herbstsalons bereits unterschrieben und Heinze und Wegewitz hatten während dieser als Werkstattausstellung angelegten Veranstaltung schon an ŭnaulŭtŭ gearbeitet. Unabhängig davon hat der Verlag den Künstlern gegenüber aber auch nach dem Herbstsalon kei-

eine relativ ausführliche Besprechung durch den bibliophilen Kunsthistoriker und -kritiker Lothar Lang in der Zeitschrift Weltbühne (Lang, Weltbühne, 26.8.1986).

115 Uwe Gellner interpretiert ŭnaulŭtŭ und den Leipziger Herbstsalon bereits als „Beispiele für unangepasstes Handeln und, viel wichtiger, für einen individuellen Autonomieanspruch im künstlerischen Denken ihrer Akteure". Gellner 2013, S. 10.

nerlei Bedenken geäußert, was die Zusammenarbeit betrifft.[116] Die Diskrepanz, dass ein derartiges Künstlerbuch-Projekt von zwei in der DDR-Öffentlichkeit nicht etablierten Künstlern bei Reclam herausgebracht und sogar in Westdeutschland verlegt werden konnte, erscheint mir jedoch für die kulturpolitische Praxis der DDR symptomatisch. Trotz des beschriebenen zentralisierten politischen Systems wirkten in solchen Einzelfallentscheidungen verschiedene Kräfte, um noch einmal auf den Begriff des „Kräftespiels" zurückzukommen. Möglicherweise hat das Engagement der künstlerischen Leiterin Friedrike Pondelik, mit einiger Wahrscheinlichkeit aber die Meinung des Verlegers Hans Marquardt eine Rolle gespielt. Das Buchprojekt war wohl bald auch persönliches Anliegen Marquardts, so dass davon auszugehen ist, dass er bereit war das Projekt in Funktionärskreisen zu verteidigen.[117] Letztendlich haben aber vielleicht die mit dem Verkauf der halben Auflage an den West-Berliner Galeristen Brusberg verbundenen Devisenbezüge alle weiteren Bedenken gegen das Projekt ausgeräumt.

116 Interessant wäre es für diesen Zusammenhang die Stasi-Akten der Künstler einzusehen. Heinze erwähnte im Gespräch, dass Heisig gedroht habe, nicht mehr mit Reclam zu arbeiten, weil Marquardt Heinze und Wegewitz verlegen würde. Gespräch vom 16.01.2012 in Groß Pelsen.

117 Die weitreichende und auch inhaltliche Beteiligung Marquardts an ŭnaulŭtŭ lässt ein starkes persönliches Interesse an dem Projekt annehmen. Vgl. dazu die Kapitel 3.3.3, 3.3.4 und 3.3.6.
Wegewitz vermutete, dass Marquardt seine Kontakte zu Parteifunktionären genutzt habe, als es Schwierigkeiten gab die Druckrechte vom Grassi-Museum für die Karaja-Zeichnungen zu bekommen. Gespräch mit Wegewitz am 7.1.2015, Huy-Neinstedt.

3 Das Buch ŭna͡ulŭtŭ́

Ganz im Gegensatz zum Titel dieser Arbeit wird ŭna͡ulŭtŭ́ auf dem eigenen Innentitel als „ein Malerbuch" vorgestellt und in der Sekundärliteratur neben „Malerbuch" oder „Künstlerbuch" auch als „Objektbuch" oder „Buchobjekt" bezeichnet.[118] Die Bezeichnung „Malerbuch" geht auf eine Variante der Buchgestaltung zurück, die zu Beginn des 20. Jahrhunderts bei den Künstlern der École de Paris als „livre du peintre" ihren Ursprung hat.[119] Erhart Kästner, Direktor der Herzog August Bibliothek in Wolfenbüttel und in ihrem Namen Initiator der ersten großen deutschen Sammlung französischer Malerbücher, prägte den Begriff „livre du peintre" bzw. „Malerbuch" in Deutschland für jene „neue Facette" des illustrierten Buches.[120] Im Unterschied zur konventionellen Buchillustration liegt die Buchidee bei einem Malerbuch nach Kästners Auffassung in der Hand des

118 z. B. ist bei Henkel 1991, S. 9 vom „Objekt-Buch" die Rede, bei Maur 1992, S. 51 hingegen vom „Buchobjekt". Lang 2005, S. 279 schreibt vom „Künstlerbuch" und Schulz 1987, S. 11 positioniert ŭna͡ulŭtŭ́ als Entwicklungsschritt zwischen Malerbuch und Künstlerbuch. Nicht nur in diesem Fall herrscht Uneinigkeit um die Begrifflichkeiten in der Buchkunst. Darauf verweisen Brall 1986, S. 17; Akat. Bücherlust, 1998, S. 51; Moldehn 1996, S. 13; Lang 2005, S. 4. Der Artikel „Die Bücher der Künstler" von Anne Thurmann-Jajes ist gänzlich der „Problematik der Begriffsbestimmung" gewidmet. Sie formuliert im Vergleich die strengsten Begriffsdefinitionen, weist aber gleichzeitig darauf hin, dass ein strenger Umgang mit den Termini „in gewisser Weise im Widerspruch [steht] zu den künstlerischen Strategien des 20. Jahrhunderts Gattungsgrenzen zu überschreiten und zu verwischen". Thurmann-Jajes 2001, S. 10. Schon 1996 kritisiert Dominique Moldehn zu starre Begriffsbestimmungen im Bereich des Buches, von dem sie sagt, dass die „wechselseitige Durchdringung der Künste" nirgends so sichtbar werde wie hier: „Grenzen wurden fixiert und dies […] ironischerweise gerade dort, wo Gattungsgrenzen nivelliert werden." Moldehn 1996, S. 14.

119 Als erstes Malerbuch wird Paul Verlaines „Parallèlement" angesehen, das 1900 von dem Kunsthändler Ambroise Vollard mit Lithographien von Pierre Bonnard verlegt wurde. Schulz 1987, S. 8; Akat. Papiergesänge, 1992, S. 8. Ähnlich bei Akat. Bücherlust, 1998, S. 49; Lang 2005, S. 3.

120 Kästner 1994, S. 78. Vgl. auch: Schulz 1987, S. 8.

Künstlers, nicht des Schriftstellers.[121] Eine besondere Bedeutung hatte aber in vielen Fällen auch der Verleger. Anne Thurmann-Jajes spricht dem Verleger den Status eines Initiators zu, der für die Idee zum Malerbuch verantwortlich ist.[122] Als Kernelement des Malerbuches werden häufig die von einem bildenden Künstler geschaffenen Originalgrafiken betrachtet[123], die oft ungebunden in Form einer Grafikmappe herausgegeben wurden. Während die Illustrationen eines Buches in der bisherigen Praxis von spezialisierten angewandten Künstlern, also von Illustratoren erarbeitet wurden, sind die unter der Bezeichnung „livre du peintre" geführten Bücher in der bildlichen Gestaltung von einem bildenden Künstler entworfen und ausgeführt.[124] ŭnaulŭtŭ entspricht in vielen Punkten der Definition eines Malerbuches, bis hin zu der Tatsache, dass die Grafiken herausnehmbar sind. Dem Buch ŭnaulŭtŭ wird aber auch Objektcharakter zugesprochen; es wird als „opulentes Materialbuch"[125] als „Material-Raum-Abenteuer" und „Aufblätterwunder"[126] charakterisiert. Daher soll in dieser Arbeit dennoch der Begriff „Künstlerbuch" Verwendung finden, der insbesondere für die Buchkunst seit den 1960er Jahren steht.[127] Anne Thurmann-Jajes und Rolf Dittmar postulieren

121 Werner 2004, S. 15.

122 Thurmann-Jajes 2001, S. 10f. Ähnliches zur Rolle des Verlegers z. B. in der Einführung in: Schulz 1987, o. P.

123 z. B. Lang 2005, S. 12; Schulz 1987, S. 3.

124 Wulf D. von Lucius weist darauf hin, dass seit der Erfindung des Buchdrucks die Illustrationen zwar unter Umständen auch von bedeutenden Malern, wie z. B. Dürer, Rubens oder Fragonard, entworfen sein konnten, dann aber von Formschneidern oder Kupferstechern ausgeführt worden seien. Akat. Bücherlust, 1998, S. 49.

125 Werner 1986, S. 18.

126 Sperling 1994, S. 32.

127 Der Begriff „Künstlerbuch" wird sehr unterschiedlich verwendet, da er als Synonym zum „Malerbuch", als gleichwertige Kategorie oder auch als Überbegriff genutzt wird. Zum Beispiel definiert Michael Glasmeier Künstlerbücher umfassend als „Ergebnis dessen [...], was Künstler mit Büchern, über, um, für oder gegen sie machen" und ergänzt, dass „diese leicht tautologische Definition [...] es noch am konsequentesten [vermag], jene Offenheit anzuerkennen, die Künstlerbücher kennzeichnet." Glas-

in diesem Zusammenhang eine veränderte Rolle des Mediums, nach der die ästhetische Gestaltung eines Buches nicht mehr der Vermittlung von Fremdinformation untergeordnet sei, sondern eine eigene Aussage vermittle.[128] Um welche Art der Gestaltung es sich im Falle von ŭnaulŭtŭ handelt und welche Aussagen dadurch vermittelt werden, soll Teil der folgenden Beschreibung und Untersuchung des Buches sein.

3.1 Die Materialien

Obwohl ŭnaulŭtŭ mit gebundenen grafischen Blättern, einem Buchrücken und Buchdeckeln, das heißt also der klassischen Kodex-Form, sowie der Organisation des Inhalts mit Inhaltsangabe, Seitenzahlen und Impressum durchaus Elemente eines konventionellen Buches besitzt, ist von vorn herein ersichtlich, dass es sich nicht um ein solches handelt. Diesen unmittelbaren Eindruck vermitteln vor allem die Materialien. Die ungewöhnliche Verwahrung in einem groben Jutesack und einem aus einfachem Karton gefalteten Schuber kündet von einer Materialästhetik, die sich auch beim Buch selbst fortsetzt **(Taf. 1-a)**. ŭnaulŭtŭ erscheint urig und schmucklos, wie etwas selbstgebautes, etwas mit einfachen Mitteln konstruiertes. Schon im geschlossenen Zustand zeugen die Miscantus-Streben und Lederriemen der Bindung am hölzernen Buchrücken von der Schönheit des einfachen Materials, aber auch von den technischen Raffinessen dieses Buches.

meier 1994, S. 11. Wulf D. von Lucius schlägt – da er die Begriffe „Malerbuch" und „Künstlerbuch" synonym verwendet – den durchaus sinnvollen Terminus „Konzeptbuch" als Alternative für die Buchkunst seit den 60er Jahren vor, der sich jedoch nicht etabliert hat. Akat. Bücherlust, 1998, S. 74. Dagegen vertritt Anne Thurmann-Jajes die Auffassung, daß der Begriff „Künstlerbuch" international bereits für die Buchkunst seit den 60er Jahren verankert sei und nicht mehr gattungsübergreifend genutzt werden könne, ohne Missverständnisse zu erzeugen. Thurmann-Jajes 2001, S. 10.

128 Thurmann-Jajes 2001, S. 10; Dittmar 1977, S. 296.

In der Mitte des Buches befindet sich eine Assemblage[129], bestehend aus einem mit Palmblättern geflochtenen Band, einem Stück Birkenrinde und einer Papiercollage sowie einem Schwirrholz[130], das herausgenommen und benutzt werden kann **(Taf. 17)**. Die Birkenrinde ist mittels einer Schnur so befestigt, dass sie sich wie ein Segel aufrichtet, sobald der Betrachter die Seite aufschlägt. Hier, im Zentrum des Buches, scheint sich zu verdichten, was den Charakter des Buches ausmacht: Neben der außergewöhnlichen Materialwahl sind das die akustischen Elemente sowie die räumliche Ausdehnung. Beim Aufklappen von ŭna͡ulŭtŭ́ ist ein Geräusch zu hören, das wie Regen oder auch wie reißendes Papier klingt. Das Geräusch wird hervorgerufen durch Reiskörner, die sich im Hohlraum des Buchdeckels befinden, dessen Miscantus-Gerüst mit großen Papierbögen kaschiert wurde. Es sei ein Mittel, um die Aufmerksamkeit zu erhöhen, so der Hinweis des Künstlers Wegewitz.[131] Die japanische Blockbindung ist bei ŭna͡ulŭtŭ́ in einer ausgeklügelten Abwandlung vertreten, die das Buch zu einem „Aufblätterwunder"[132] werden lässt: Im Normalfall ist diese Blockbindung dadurch gekennzeichnet, dass die Blätter nicht von beiden Seiten mit dem Druckstock bedruckt werden konnten und daher das einseitig bedruckte Blatt gefaltet und mit der offenen Seite eingebunden wurde, um eine bedruckte Vorder- und eine bedruckte Rückseite zu erhalten. In ŭna͡ulŭtŭ́ ist diese Bindung in der Form variiert, dass eine

129 Heinze/Wegewitz, Kulturvergleich I, ŭna͡ulŭtŭ́, S. 60.

130 Das Schwirrholz ist ein einfaches Instrument, das u. a. in Südamerika genutzt wird. In der Veröffentlichung von Fritz Krause über die Kunst der Karajá befindet sich eine Abbildung einer Karajá-Zeichnung, die ein Schwirrholz zeigen soll. Vgl.: Krause 1911a, S. 19, Fig. 134.
Wegewitz vergleicht die Zugabe des Schwirrholzes mit einer CD-Beilage. Gespräch am 29.8.2011, Huy-Neinstedt. Dass diese Angewohnheit bereits in der DDR der 1980er Jahren ein bemerktes Phänomen war, zeigt der Text von Elmar Faber im Ausstellungskatalog zu einer der Kabinettausstellungen der IBA 1982, in der er einen Trend zu Büchern „im Medienverbund" beschreibt, bei denen Schallplatten oder Kassetten beigelegt sind. Akat. Neue Buchformen und Experimente, 1982, S. 9f.

131 Gespräch am 29.8.2011, Huy-Neinstedt.

132 Sperling 1994, S. 32.

meist längere Papierfahne mehrmals gefaltet und dann entweder ebenfalls mit der offenen oder auch nur mit einer Seite eingebunden wurde. Diese Fahnen können nun in verschiedenen Variationen geblättert oder weit über die Buchdeckel hinaus entfaltet werden. Hinzu kommt, dass das Buch aus insgesamt drei Bindungen konstruiert ist, wobei die mittlere Hauptbindung die anderen zwei Bindungen umfasst. Es kann daher nicht nur einmal aufgeklappt werden, sondern noch einmal jeweils an den Buchdeckeln, sodass bereits von vorn herein vier Seiten gleichzeitig offen liegen können **(Taf. 1-b)**.[133] Je nachdem, welches Blatt zum Beispiel in der linken Bindung aufgeschlagen ist, während die mittlere Bindung durchgeblättert und entfaltet wird, ergeben sich immer wieder neue Bezüge zwischen den Grafiken. Darüber hinaus kann jede einzelne Grafik entnommen werden, ohne das Buch zu beschädigen. Schlaufen am Rücken der einzelnen Papier-Fahnen, durch welche Miscantus-Streben gesteckt sind, liegen in tiefen Einschnitten im hölzernen Buch-Rücken, so dass die Miscantus-Streben an der Buch-Außenseite das Gegenstück zu den Papier-Fahnen im Innern des Buches bilden. Die einzelnen Fahnen können herausgenommen werden, indem man den oberen Buchdeckel abnimmt und die Fahnen „aus den Angeln hebt" **(Taf. 2)**. Die Grafiken können dann wie in einer Ausstellung aufgehängt werden.[134] Umgekehrt gedacht, beinhaltet diese Konstruktion die Möglichkeit eine Ausstellung zwischen zwei Buchdeckeln zu verstecken. Karin von Maur interpretiert ŭnaulŭtŭ daher als „eine potentielle Ausstellung in Buchform, die eine in

133 Die Buchkonstruktion ist außerdem durch eine Zeichnung im Künstlerbuch verdeutlicht. Blätterhilfe/Buchkonstruktion, ŭnaulŭtŭ, S. 17.

134 Zuletzt ist ŭnaulŭtŭ in der Kabinettausstellung „Vom Klebeband zum Künstlerbuch" (08.3. bis 28.5.2012, kuratiert von Susanne Petri) im Museum der Bildenden Künste in Leipzig ausführlich ausgestellt worden. Um die Variabilität des Buches zeigen zu können, hat das Museum zwei Exemplare ausgestellt, eines aufgeschlagen auf einem Tisch, das andere in einzelnen Grafiken gehängt **(Taf. 28, 29, 30)**.

ihrer Sprengkraft unerwünschte Malerei je nach Bedarf vorzeigen oder verbergen kann."[135]

Frank Eckart führt in seinem Buch zu alternativen Kunstszenen in der DDR den hohen Stellenwert handwerklicher Tradition auf den Materialmangel zurück und bemerkt bei den Künstlern einen „Sinn für Material und die Fähigkeit zu ungewöhnlicher Improvisation".[136] Der aus der Not geborene Hang zum Experiment und zur Arte Povera, scheint bei ŭnaulŭtŭ aber mit einer bewussten Wahl der Mittel einher zu gehen. Nicht ohne Grund handelt es sich nicht um Materialien, die als „künstlich" empfunden werden könnten; weder Müll noch Kunststoffe werden verwendet. Die aus der Natur stammenden und selbst gesammelten Materialien vermitteln ein allgemeines Bild von Ursprünglichkeit und Naturverbundenheit. Abgesehen davon, dass es sich dabei um die Materialsprache von Olaf Wegewitz handelt[137], dienen die Materialien in ŭnaulŭtŭ als eine Art empathischer Verweis auf das Lebensumfeld indigener Kulturen. Davon kann ausgegangen werden, da neben den Karajá-Zeichnungen weitere einzelne Elemente direkt auf indigene südamerikanische Völker verweisen: Dazu gehören sowohl das Schwirrholz, ein Instrument, das unter anderem in Südamerika Tradition hat[138], sowie die Reiskörner im Buchdeckel, die eine Art Regen-Geräusch hervorrufen und auf die in Südamerika genutzten sogenannten „Regenmacher" rekurrieren[139], als auch die im Zentrum des Buches befindliche Flechtarbeit, die ein Handwerk weiter-

135 Maur 1992, S. 51. Bereits im Impressum von ŭnaulŭtŭ wird die Formulierung „Ausstellung in Buchform" genutzt. Impressum, ŭnaulŭtŭ, S. 107.

136 Eckart 1993, S. 12.

137 Vgl. Kapitel 2.1.

138 Insbesondere ist das Schwirrholz auch bei den Karajá genutzt worden, wie es eine Karajá-Zeichnung in der Publikation Krauses zeigt. Krause 1911a, S. 19, Fig. 134.

139 Das Instrument wird hergestellt, indem die Dornen eines trockenen Kaktus-Rohrs nach innen getrieben werden und das Rohr mit Kieselsteinen o. ä. gefüllt und verschlossen wird. Durch das Hin- und Herdrehen des Rohres entsteht ein Geräusch, das dem von Regen ähnelt.

entwickelt, das die Karajá praktizierten und das Fritz Krause in seiner Veröffentlichung dokumentiert hat.[140] Darüber hinaus erinnert der grob gewebte Jutesack an die Transportsäcke, in denen Kaffee aus Südamerika nach Europa transportiert wird.[141] Diese Arbeitsweise scheint ein Versuch zu sein, sich der Welt der südamerikanischen Karajá anzunähern, ausgehend von den Informationen und Materialien, die den Künstlern in der DDR zugänglich waren. Die einheimische Birkenrinde in ŭna͡ulŭtŭ̓ bildet das empathische Pendant zum südamerikanischen Urwald.

In der Aufzählung des Impressums wird deutlich, welchen ungeheuren organisatorischen Aufwand es in der DDR bedeutet haben muss, für die über hundert Exemplare des Buches alle Materialien zusammenzutragen und sie schließlich in Handarbeit zu einem Buch zusammenzufügen. Als „letzte große Buchmanufakturarbeit des 20. Jahrhunderts" bezeichnete Frieder Heinze die Produktion von ŭna͡ulŭtŭ̓.[142] Dabei hat er sicher an die Tischler, die Buchbinderinnen, die Koloristinnen, die Drucker und die Typografin gedacht, die an der Herstellung großen Anteil hatten. Heinze verweist mit seiner Charakterisierung aber auch grundsätzlich auf die Beziehung des Werkes zu einer Geschichte der manufakturellen Herstellung des Mediums Buch. Im Bewusstsein dieser Geschichte nutzten die Künstler die zeitgenössischen

140 Vgl. dazu Krause 1911a, Taf. X **(hier Taf. 31)**.

141 An dieser Stelle sei verwiesen auf das 1987 ebenfalls in Zusammenarbeit von Heinze und Wegewitz entstandene Künstlerbuch „STEINCHEN IM SAND". Das in 7 Exemplaren existierende Buch mit einfacher Klebebindung enthält von Heinze und Wegewitz übermalte Reproduktionen von Karajá-Zeichnungen, die aus der ŭna͡ulŭtŭ-Produktion übrig geblieben waren. Dieses Künstlerbuch ist wie ŭna͡ulŭtŭ̓ in einem Jutesack verwahrt. In diesem Fall stammt der Jutesack von dem Kaffee-Exporteur Café do Brasil, denn er weist neben dem nachträglichen Aufdruck „STEINCHEN IM SAND I" den Schriftzug der Firma auf sowie das entsprechende farbige Logo, das stilisierte grüne Blätter und drei rote Bohnen zeigt. Heinze/Wegewitz, STEINCHEN IM SAND, 1987, verzeichnet in: Akat. Bucharbeit, 1994, Kat. 42 und Akat. Neues Territorium, 1990, S. 35.

142 Zitiert nach Lang 1968, S. 1067. Siehe auch: Lang 2000, S. 250; Akat. Herbst Zeit Lose, 1990, S. 26; Liebermann 2015, S. 68.

Möglichkeiten des Mediums voll aus. Mit Holzschnitt, Lithografie, Radierung, Siebdruck und Offsetdruck für die Grafiken sowie mit dem Buchdruck für den Text, sind in ŭna͡ulŭtŭ́ die Drucktechniken vertreten, die den Künstlern zu dieser Zeit in der DDR zur Verfügung standen.[143] Außerdem verwendeten Heinze und Wegewitz die verschiedensten Papiere, vor allem billige Papiere aus der industriellen Herstellung, darunter feste Papiere und Japanpapiere, sowie darüber hinaus das von Wegewitz aus Brennnesseln und Pflaumenrindenbast selbst geschöpfte Papier. Dominique Moldehn weist in ihrer Untersuchung zu Buchwerken der 60er bis 90er Jahre darauf hin, dass Papierschöpfen im 20. Jahrhundert populär geworden ist und erkennt für Europa gerade die 80er Jahre als eine Hochzeit des Papierschöpfens. Sie führt diese Tendenz auf einen allgemeinen „Wunsch nach handwerklicher Ursprünglichkeit" zurück.[144] Moldehn macht eine Gruppe von Künstlerbüchern aus, „die sich als materialisierte Natur ausgeben". Dort werde einerseits „im Zugriff auf organische und mineralische Materialien ein unmittelbares und einfühlendes Verhältnis zur Natur evoziert, das sich skeptisch zum neuzeitlichen Wissenschaftsverständnis verhält. Andererseits nehmen die Künstler der Spurensicherung Methoden und Darstellungsweisen der Geologie, Botanik und Anthropologie auf, um wiederum in ‚scheinbarer Wissenschaftlichkeit' Gesetzmäßigkeiten eigener Naturerfahrung zu entdecken."[145] Moldehn betont an dieser Stelle, dass es sich um eine scheinbare Wissenschaftlichkeit handele, die auch als solche erkennbar ist.[146] Vergleichbare Vorgehenswei-

143 Dabei ist die Qualität der Drucke in ŭna͡ulŭtŭ́ herausragend. Als es bei einem Treffen von Leipziger Verlegern 1985 um die Entwicklung verbindlicher Qualitätsstandards in Druckereien ging, haben Hans Marquardt und Friederike Pondelik ŭna͡ulŭtŭ́ explizit als Beispiel für qualitätvollen Druck vorgestellt. Ein Foto von Helfried Strauß zeigt das Treffen. Strauß 2007, S. 122. In einer e-mail vom 9. 2. 2015 schreibt Strauß, Marquardt habe ŭna͡ulŭtŭ́ ‚mit sichtlichem Stolz' als ‚Schmeckerchen' am Ende der teils kontrovers geführten Diskussionen gezeigt.

144 Moldehn 1996, S. 56.

145 Moldehn 1996, S. 54.

146 Sie bezieht sich dabei auf Metken 1977, S. 12: „Zum Selbstverständnis der Spurensicherung gehört ihre scheinbare Wissenschaftlichkeit".

sen lassen sich auch in „ŭn͡aulŭtŭ́" finden: Die Gestaltung des Impressums ähnelt dem Darstellungsmuster naturwissenschaftlicher Sammlungen, da der Text von Fotografien flankiert ist, die in der Manier von Herbarien Proben aller verwendeten Materialien ausstellen **(Taf. 27)**[147]. Auch der dokumentarische Charakter, den die Nutzung der zur Verfügung stehenden Drucktechniken aufweist, und die in der Buchmitte befindliche Assemblage mit Flechtarbeit, Birkenrinde und Schwirrholz, die Olaf Wegewitz selbst als „pseudo-ethnologische Sammlung" bezeichnet[148], sind in diesem Kontext zu verstehen. Hier wird eine Nähe zu wissenschaftlichen Arbeitsweisen suggeriert und damit ein Bezug zur Rolle des Buches als Medium der Wissensvermittlung hergestellt.

3.2 Die Grafiken in ŭn͡aulŭtŭ́

3.2.1 Die Zeichnungen der Karajá

Bei den 26 Zeichnungen der Karajá, die für ŭn͡aulŭtŭ́ reproduziert worden sind, handelt es sich um eine Auswahl aus einem Skizzenbuch des Ethnologen Fritz Krause (1881–1963).[149] Auf einer Expedition in Zentralbrasilien zwischen Ende Januar 1908 und Anfang Februar 1909 hatte Fritz Krause, der spätere Direktor des Leipziger Völkerkundemuseums, das mittlere Amazonasgebiet bereist und unter anderem längere Zeit bei den Karajá verbracht.[150] Die künstlerischen Äußerungen des Volkes waren nicht Krauses Untersuchungsschwerpunkt, jedoch widmete er diesem Bereich eine eigene Veröffentlichung, da er glaubte „bei dem Interesse, das Ethnologen, Psychologen, Kunsthistoriker und die gebildeten Kreise überhaupt heute der primitiven Kunst

147 Impressum, ŭn͡aulŭtŭ́, S. 107f.

148 Gespräch am 29.8.2011, Huy-Neinstedt.

149 Staatliche Kunstsammlungen Dresden (SKD), Staatliche Ethnografische Sammlungen Sachsen (SES), Grassi Museum, Skizzenbuch I – Karajá Zeichnungen, Inv. Nr.: A4.h)1.

150 Veröffentlichter Expeditionsbericht: Krause 1911b.

entgegenbringen [...], das von mir gesammelte, so überaus reichhaltige Material gesondert veröffentlichen zu müssen".[151] Wenn Krause auch nicht vorrangig zu diesem Thema arbeitete, so gehörte er mit dieser Veröffentlichung doch zu den ersten Ethnologen, die sich auf der Grundlage eigener Beobachtungen vor Ort mit Kunst außereuropäischer indigener Kulturen auseinandersetzten.[152] Krauses Veröffentlichung ist eine kommentierte Materialsammlung, bei der sich der Autor bewusst nicht zu Thesen der aktuellen ethnologischen Forschung äußert.[153] Neben plastischen Arbeiten dokumentiert die Publikation die Zeichnungen der Karajá und unterscheidet diese nach den Malgründen, auf denen sie angefertigt worden sind, nämlich in Zeichnungen, die auf eine den Karajá vertraute Art und Weise in Sand und auf

151 Krause 1911a, S. 2. Es ist anzunehmen, dass Krause damit u. a. auf Wilhelm Worringers Dissertation „Abstraktion und Einfühlung" verweist. Worringer ging von einer naturgegebenen Unruhe und Hilflosigkeit des Menschen gegenüber der räumlichen Außenwelt aus. Worringer 2007 [1908], S. 83. Abstrakte Ausdrucksformen indigener Völker führte Worringer auf das Bedürfnis zurück, innerhalb dieser Unruhe einen Ruhepunkt zu schaffen. „Ihr stärkster Drang war, das Objekt der Außenwelt gleichsam aus dem Naturzusammenhang, aus dem unendlichen Wechselspiel des Seins herauszureißen, es von allem, was Lebensabhängigkeit, d.i. Willkür an ihm war, zu reinigen, es notwendig und unverrückbar zu machen, es seinem *absoluten* Werte zu nähern." Worringer 2007 [1908], S. 83. Siehe dazu auch die Einleitung von Claudia Öhlschläger, S. 13–22. Der Erfolg von Worringers Schrift spricht für die Relevanz dieses Themas in jenen Jahren. Die Dissertationsschrift ist 1908 publiziert worden und bis 1921 in weiteren zwölf Auflagen erschienen.

152 Laut Beer/Fischer 2006, S. 224 war Franz Boas mit seiner Arbeit „Primitive Art" (1927) einer der ersten Ethnologen, die sich ganz explizit diesem Thema in Feldstudien gewidmet haben.

153 Krause 1911a, S. 2: Durch eine reine Materialsammlung, schreibt Krause, „glaube ich der Forschung mehr zu nützen, als wenn ich selbst versucht hätte, unter Zugrundelegung meiner Ergebnisse Stellung zu nehmen zu den großen Streitfragen, die gegenwärtig über die Entwicklung der primitiven Kunst erörtert werden." Ebenso verfährt Krause bei der Veröffentlichung zur Expedition und verweist auch hier im Vorwort auf den größeren wissenschaftlichen Nutzen solcher Selbstbeschränkung: Krause 1911b, S. IV.

Cuyen[154] gemalt worden sind und die, welche im Skizzenbuch des Ethnologen mit Buntstift gezeichnet wurden.

Zwei der im GRASSI Museum für Völkerkunde zu Leipzig befindlichen Skizzenbücher der Reise von Fritz Krause enthalten seine eigenen Zeichnungen und Beschreibungen, nur eines enthält die Zeichnungen der Karajá. Vergleicht man das dort enthaltene gesamte Konvolut und die für ŭnaulŭtŭ verwendete Auswahl, so vermag die Zusammenstellung im Künstlerbuch ein repräsentatives Bild vom vorhandenen Material zu leisten. Dabei sind die Blätter aus dem Skizzenbuch jedoch in der Reproduktion für das Künstlerbuch stark vergrößert worden. Es handelt sich sowohl um ornamentale als auch um figürliche Darstellungen sowie um die Versuche der Karajá, die Notiz-Schriften Krauses nachzuahmen. Krause beschreibt, dass die Karajá die ornamentalen Muster stets von sich aus gezeichnet hätten und die von anderen Karajá gezeichneten Muster erkannten und problemlos mit Objekten der Wirklichkeit zu verbinden wussten.[155] Die Ornamente zeigen zum Beispiel stilisierte „Körperseiten" **(Taf. 10-a)**[156] oder die „weibliche Scham" **(Taf. 20-b)**[157]. Nach Krause seien dagegen mimetische Zeichnungen von Gegenständen, Tieren, Pflanzen oder Menschen meist nur auf Aufforderung entstanden und der Bildgegenstand von anderen Karajá häufig nicht erkannt worden.[158]

154 Krause verwendet auch den Begriff „Ölcuyen", erklärt ihn jedoch nicht genauer. Abbildungen zeigen, dass die als Malgrund dienende Frucht einem Flaschenkürbis ähnlich ist. Vgl. Krause 1911a, z. B. Taf. IX **(Taf. 31-a)**.

155 Auf Krauses Nachfragen, was die Muster bedeuten würden, hätten die Karajá zuerst mit dem Begriff „hodjuju" geantwortet, der soviel wie „Flechtarbeit" bedeute. Krause vermutete daher den Ursprung dieser wohl traditionell kodierten Muster in Flechtarbeiten. Vgl. dazu: Krause 1911a, S. 23, Taf. VIII, außerdem Taf. IX und X **(Taf. 31)**.

156 Vgl. Karajá, Schenkel und Körperseiten, ŭnaulŭtŭ, S. 34.

157 Vgl. Karajá, Weibliche Scham, ŭnaulŭtŭ, S. 81.

158 Viele der Karajá „behaupteten übereinstimmend, Menschen nicht zeichnen zu können". „Kaum hatten sie einige Figuren gemalt, gingen sie auch schon zu den Mustern über", Krause 1911a, S. 23f.

Die Gesamtkompositionen sind stark dadurch bestimmt, ob nur ein oder mehrere Zeichner am Werk waren und ob es sich um ornamentale oder gegenständliche Darstellungen handelt. Oft erstrecken sich die Muster über das ganze Blatt, während die mimetisch erfassten Figuren und Gegenstände nur wenig Raum einnehmen. Einige Blätter weisen eine sehr stimmige Gesamtkomposition auf, andere vermitteln eher einen Studiencharakter, unter anderem durch Beischriften Krauses, in denen er Eindrücke und Beobachtungen neben den Zeichnungen festhielt.[159] Zum Beispiel notierte er, wo die Zeichnungen entstanden sind, wer sie angefertigt hat, ob der Zeichner von allein oder auf Aufforderung zeichnete oder was dargestellt ist. Manchmal fertigte Krause kleine schematische Skizzen an, die zeigen, wie die Zeichnung entstanden ist.

Die Tatsache, dass in ŭna͡ulŭtŭ́ in jedem Fall die ganze Skizzenbuch-Seite inklusive der Beischriften des Ethnologen Krause reproduziert worden ist, lässt darauf schließen, dass der Studiencharakter als wichtig und das Skizzenbuch Krauses als historisches Dokument betrachtet worden ist. Der Kontext, aus dem die Zeichnungen stammen, wird in ŭna͡ulŭtŭ́ nicht verleugnet, sondern ist Teil der Gestaltung. Die Zeichnungen der Karajá sind europäisch beeinflusst, da sie teilweise auf Aufforderung eines europäischen Ethnologen mit Buntstift in einem Skizzenbuch – also mit europäischen Malmitteln – angefertigt worden sind. Das Beibehalten der Beischriften des Ethnologen verweist auf diesen Hintergrund der Überlieferung und unterstützt damit den dokumentarischen Charakterzug des Künstlerbuches.

3.2.2 Die Grafiken der Künstler

Es befinden sich 68 Grafiken von Frieder Heinze und Olaf Wegewitz in ŭna͡ulŭtŭ́, von denen 6 als Gemeinschaftsarbeiten entstanden sind.

159 Im Inhaltsverzeichnis von ŭna͡ulŭtŭ́ sind die Karajá-Zeichnungen nach diesen Beischriften benannt.

Von figürlich bis abstrakt weisen Heinzes ausdrucksstarke und oft farbgewaltige Arbeiten in ŭna͡ulŭtŭ eine große Variationsbreite auf. Einige Grafiken sind durch die Räumlichkeit der Kompositionen und die Körperhaftigkeit der dargestellten Figuren charakterisiert.[160] Der weitaus größere Teil der Arbeiten in ŭna͡ulŭtŭ ist jedoch flächig angelegt und mit verstärkt zeichenhaften Elementen versehen.[161] Die flächigen Arbeiten, die den Raum negieren und einem horror vacui frönen, weisen bereits auf das zeichenhafte Vokabular hin, das Heinze in den 1980er Jahren entwickeln sollte, und mit dem er die Vorstellung einer unmittelbaren, keine Deutung benötigenden Lesbarkeit verband. Seine Grafiken sind mit Titeln wie „Mythos", „Dämonen", „Beschwörung", „Fetische", „Tanz", „Kampf", „Jagd", „Aggression", „Fruchtbarkeit", „Nacht" und „Traum" versehen und thematisieren das Unbewusste, das Triebhafte und im positiven Sinne „kulturlose". Ein Krieger mit Federschmuck, halb menschliche Gestalt, halb Maskerade **(Taf. 28, l. o.)**[162] oder ein Tänzer mit herausgestreckter Zunge **(Taf. 18-b)**[163] knüpfen an klischeehafte Vorstellungen von indigenen Völkern an. Andere Figuren haben fast außerirdischen Charakter, wie etwa ein mehrköpfiges und mehrgliedriges rotes Ungeheuer **(Taf. 22-a)**[164]. Die vielfach mit der Idee von indigenen Kulturen verknüpften Vorstellungen von Ursprünglichkeit und Urzuständen finden ihren Ausdruck sogar in Fantasie-Gestalten, die an Einzeller und Ur-Tierchen denken lassen **(Taf. 10-b)**[165]. In diesen Themenkreis gehören ebenso die Darstellungen elementarer (Sinnes-)Erfahrun-

160 z. B. Heinze, Am Waldrand, ŭna͡ulŭtŭ, S. 39 **(Taf. 11-b)**; Heinze, Bedrohung, ŭna͡ulŭtŭ, S. 94 **(Taf. 22-a)**.

161 z. B. Heinze, Dämonen, ŭna͡ulŭtŭ, S. 23 **(Taf. 8-a)**; Heinze, Beschwörung, ŭna͡ulŭtŭ, S. 29 **(Taf. 9-b)**; Heinze, Fetische, ŭna͡ulŭtŭ, S. 44 **(Taf. 13-a)**; Heinze, Traum, ŭna͡ulŭtŭ, S. 56 **(Taf. 16-a)**; Heinze, Dreizehn bei Nacht, ŭna͡ulŭtŭ, S. 95 **(Taf. 22-b)**.

162 Heinze, Jagd, ŭna͡ulŭtŭ, S. 88.

163 Heinze, Unhold, ŭna͡ulŭtŭ, S. 63.

164 Heinze, Bedrohung, ŭna͡ulŭtŭ, S. 94.

165 Heinze, Tierwelt, ŭna͡ulŭtŭ, S. 35.

gen wie Lärm und Stille, Licht und Dunkelheit sowie Macht und Demut.[166] Fantasiegestalten bestimmen auch das Eröffnungsblatt des Buches **(Taf. 3)**[167]. Es zeigt eine Gruppe eng beieinander stehender, fremdartiger Wesen, einige menschlich, andere mit Menschenkörper und Reptilienkopf, dazwischen Vogelwesen und Schlangen. Die sehr detaillierte Binnenzeichnung beschreibt ihr vereinfachtes Knochengerüst mit Wirbeln und Kniescheiben sowie Sehnen und Innereien mit Magen, Darm und Herz. An anderer Stelle können Körperbemalungen assoziiert werden. Effektvoll gesetzt sind wenige farbliche Akzente in rot, gelb, blau und violett. Neben Werken wie diesem, das vor allem durch besondere zeichnerische Qualitäten charakterisiert ist, stehen solche Werke wie das Blatt „Wetterleuchten" **(Taf. 20-a)**[168], das insbesondere vom Einsatz der Farbe lebt. Im Zentrum der abstrakt gestalteten Arbeit stehen drei helle Rauten, von denen die zwei äußeren Pupillen-ähnliche Kreise enthalten. Die Rauten sind umgeben von kräftigen roten, gelben, blauen und grünen Bereichen, die im Kontrast mit schwarzen und dunkelbraunen Flächen besonders leuchten. Angelehnt an christliche Darstellungen vom Auge Gottes sind Assoziationen zu einer wie auch immer gearteten Allmacht denkbar. In Heinzes Arbeiten wird nicht ein konkretes Volk zum Thema gemacht, sondern es werden weitreichende Assoziationen zum Fremden im allgemeinen umgesetzt. Abstrahierte sowie ungegenständliche Zeichen vermitteln den Eindruck eines mythologischen Ursprungs. Fabelwesen öffnen den Themenbereich des Fremden und Anderen in eine phantastische Welt, die – thematisch wie gestalterisch – Heinzes künstlerische Orientierung an den Surrealisten nachvollziehbar macht.

Beispielhaft, aber auch bezeichnend für die Beschäftigung Heinzes mit dem kulturell Anderen, ist das Blatt „Stille", das drei Fi-

166 z. B. Heinze, Stille, ŭna͡ulŭtŭ́, S. 6 **(Taf. 5)**; Heinze, Kampf, ŭna͡ulŭtŭ́, S. 51 (keine Abbildung); Heinze, Im Wald, ŭna͡ulŭtŭ́, S. 53 **(Taf. 29, r. u.)**; Heinze, Aggression, ŭna͡ulŭtŭ́, S. 58 **(Taf. 16-b)**.

167 Heinze, Gestürzt – Gefangen, ŭna͡ulŭtŭ́, S. 1.

168 Heinze, Wetterleuchten, ŭna͡ulŭtŭ́, S. 82.

guren nebeneinander zeigt **(Taf. 5)**[169]: Links sitzt mit angewinkelten Beinen eine menschliche Gestalt mit roten Hörnern und wendet den anderen Figuren den Rücken zu. Die Gestalt ist mit einer Physiognomie versehen, welche die Partie um den halbgeöffneten Mund und die Nase betont. Mittig sitzt ein Fuchs-ähnliches Wesen mit spitzer Schnauze und großen runden Ohren, das gerade und starr aus dem Bild heraus blickt. Die kleinen Augen sind durch die Muster im Gesicht besonders betont. Rechts steht breitbeinig und mit ausgebreiteten Armen, seine Position behauptend, ein Mischwesen mit kleinem Menschenkörper und übergroßem Vogelkopf. Es wendet den Kopf mit weit aufgerissenem Schnabel, in dem eine große rote Zunge zum Vorschein kommt, zum rechten Bildrand. Die drei Figuren befinden sich auf engstem Raum nebeneinander, berühren sich jedoch an keiner Stelle. Die spannungsvollen Räume zwischen den Figuren, markant abgegrenzt durch die Körperlinien der Rücken und Gliedmaßen, betonen die „zwischenmenschliche" Distanz bei räumlicher Nähe. Der Titel des Blattes steht im Gegensatz zu dem halb geöffneten Mund der linken, den großen Ohren der mittleren und dem weit aufgerissenen Schnabel der rechten Figur. So stellt die Grafik eine Verbildlichung vom Wegschauen, Weghören und vom mangelnden Dialog zwischen unterschiedlichen Lebewesen dar.

Im Gegensatz zu Heinzes Arbeiten haben die Grafiken von Wegewitz meist keinen Titel[170], sind ungegenständlich und durch eine zurückhaltende Farbigkeit gekennzeichnet. Neben den neu-

169 Heinze, Stille, ŭn͡aulŭtŭ́, S. 6.

170 Die meisten Grafiken von Wegewitz sind im Inhaltsverzeichnis durch die Angabe des Entstehungsdatums gekennzeichnet. Ausnahmen bilden folgende Grafiken: Wegewitz, Herbstsalon, ŭn͡aulŭtŭ́, S. 41 **(Taf. 29, m. o.)**; Wegewitz, Kopf I, ŭn͡aulŭtŭ́ (Entgegen der Angabe im Inhaltsverzeichnis befindet sich die Grafik nicht auf S. 69, sondern auf S. 48. Vgl. dazu Fußnote 182.) **(Taf. 14)**; Wegewitz, Kopf II, ŭn͡aulŭtŭ́, S. 71 **(Taf. 19-b)**; Wegewitz, Kopf III, ŭn͡aulŭtŭ́, S. 93 **(Taf. 21-b)**; Wegewitz, Kopf IV, ŭn͡aulŭtŭ́, S. 96 **(Taf. 23-a)**; Wegewitz, Kuh, ŭn͡aulŭtŭ́, S. 98 **(Taf. 23-b)**; Wegewitz, Korb, ŭn͡aulŭtŭ́, S. 106 **(Taf. 26)**. Darüber hinaus haben die Gemeinschaftsarbeiten mit Heinze einen Titel erhalten, vgl. dazu das folgende Kapitel 3.2.3.

tralen Farben Schwarz und Grau handelt es sich um nur wenige Braun- und Rottöne. Damit lenken die Arbeiten den Blick verstärkt auf den Charakter der unterschiedlichen Drucktechniken, den Wegewitz besonders prononciert herausgearbeitet hat. In seinen Lithografien setzt Wegewitz klare monochrome Flächen neben dynamische Pinselschwünge und flächige Strukturen **(Taf. 9-a)**[171]. Diese können sich auch vielfach überlagern, teilweise deckend, teilweise transparent **(Taf. 14)**[172]. Grafisch besonders reizvoll sind die Farbnuancen, die auch schwarze Konturen auf schwarzem Grund zur Geltung kommen lassen **(8-b)**[173]. Die Radierungen sind durch harte Linien charakterisiert und lassen den schroffen Schwung erkennen, mit dem die Nadel geführt worden ist. Dabei überlagern sich verschiedene Schichten von unregelmäßigen Schraffuren und bilden dynamische Kompositionen. Die Materialität des Druckstocks wird besonders bei den Holzschnitten auf die Grafik übertragen, wenn die Maserung zusammen mit dem Duktus der Schnitzerei fast plastische Konturen bildet. Die Beschränkung auf wenige Farben und die Betonung der Materialien richtet den Fokus auf die handwerklichen Qualitäten der Grafiken. Im Vergleich mit der zeichnerischen Entwurfsfassung von ŭnaulŭtŭ fällt auf, dass die meist unbetitelten Grafiken dort mit Titeln versehen sind. Unter den Entwürfen von Wegewitz sind mit Bleistift Begriffe der Karajá-Sprache notiert, die aus der Expeditions-Publikation von Fritz Krause stammen.[174] Einzelne Wörter wie „Fisch", „Bergkristall" oder „Sternschnuppe", aber auch abstrakte Begrifflichkeiten wie „Trockenzeit" und „Regenzeit" sind dort ebenso zu finden wie die Aussage „Die Sonne ist sehr heiß" oder die Frage „Bist du der Häuptling?"[175] Die Begriffe stammen vor allem aus dem The-

171 Wegewitz, 25/4/84, ŭnaulŭtŭ, S. 28.

172 Wegewitz, Kopf I, ŭnaulŭtŭ (Entgegen der Angabe im Inhaltsverzeichnis befindet sich die Grafik nicht auf S. 69, sondern auf S. 48. Vgl. dazu Fußnote 182).

173 Wegewitz, 24/4/84, ŭnaulŭtŭ, S. 26.

174 Krause 1911b, insb. das Wortverzeichnis im Anhang: S. 416–457.

175 Siehe Tabelle in Anhang II.

menbereich Natur, aber auch aus kultischen Zusammenhängen, wie die Termini „Zauberarzt" oder „geflochtener Affenpenis". In einigen Fällen lässt sich in der Grafik ein dementsprechender gegenständlicher Ursprung erahnen. Zum Beispiel ist die Grafik „8/6/84" **(Taf. 30, r. o.)**[176] in der Entwurfsfassung mit dem Karajá-Wort „kōōdĭ" unterschrieben, dass nach dem thematisch geordneten Wortverzeichnis Krauses ein gelbes, weiches Harz bezeichnet.[177] Mit diesem Wissen können die abstrakten Formen des sparsamen Holzschnittes auf die Gestalt eines Baumes zurückgeführt werden, in dessen Rinde zur Harzgewinnung eine Wunde mit vielen schräg nach unten laufenden, parallelen Rinnen eingeritzt worden ist. Zum Verständnis des Buches ist eine solche Rückführung ungegenständlicher Formen auf ihren gegenständlichen Ursprung wohl nicht nötig und mit Sicherheit durch den Künstler nicht intendiert. Die Karajá-Begriffe unter den Grafiken der Entwurfsfassung sind vor allem deshalb interessant, weil sich die Arbeitsweise des Künstlers ableiten lässt. Olaf Wegewitz war begeistert von der Funktion der ornamentalen Zeichnungen der Karajá, die fast wie eine Form der Zeichensprache auf ganz konkrete Gegenstände oder Sachverhalte hinweisen, in ihrem Erscheinungsbild aber stark abstrahiert sind.[178] In ŭnaulŭtŭ scheint er von einer konkreten Bedeutung ausgehend abstrakte Formen entwickelt zu haben, die eine ähnliche Zeichenfunktion übernehmen könnten. Die Grafiken von Wegewitz sind demnach sowohl auf konkrete Begrifflichkeiten als auch auf eine Formfindungsmethode der Karajá und damit direkt auf ihre Lebenswelt bezogen.

Nur wenige der Grafiken von Wegewitz sind über die Karajá-Begriffe hinaus im Nachhinein mit einem Titel versehen wor-

176 Wegewitz, 8/6/84, ŭnaulŭtŭ, S. 76.

177 Krause 1911b, S. 430.

178 Gespräch mit Wegewitz am 17.1.2012, Huy-Neinstedt. Nur in einzelnen Fällen lassen sich die abstrahierten Formen der Karaja-Zeichnungen rein optisch auf ihre gegenständliche Entsprechung zurückführen, wie bei der Darstellung der weiblichen Scham. Vgl. Karajá, Weibliche Scham, ŭnaulŭtŭ, S. 81 **(Taf. 20-b)**.

den, der jedoch von den Karajá-Begriffen unabhängig ist. Die im Inhaltsverzeichnis von ŭnaulŭtŭ als „Herbstsalon" ausgewiesene Grafik **(Taf. 29, m. o.)**[179], die wohl nach ihrem Entstehungsort bezeichnet wurde, ist in der Entwurfsfassung mit dem Begriff „kŏbŏ" versehen, der bei Krause mit „Windwellen auf Wasser" umschrieben ist.[180] Der für das Künstlerbuch namensgebende Begriff „ŭnaulŭtŭ"[181] befindet sich in der Entwurfsfassung unter einer der Grafiken einer vierteiligen Serie, die mit „Kopf" betitelt ist[182] – ein Hinweis darauf, dass die Kopf-Serie innerhalb des Künstlerbuches eine besondere Rolle einnimmt. Die vier Grafiken zeigen alle stark vereinfachte Kopfformen. Unter ihnen ist die Lithografie von Seite 48 **(Taf. 14)** die einzig farbige und dabei ausgesprochen variantenreiche Grafik. Vor einem flächig grauen Bildhintergrund erscheint eine Kopfform aus übereinandergelagerten Farbflächen und Strukturen, welche Gesichtszüge erkennen lassen. Ein Auge tritt als weißes, schräg nach oben spitz zulaufendes Loch in Erscheinung. Die Nase sitzt wie ein Schnabel im Gesicht. Auch die Radierung „Kopf II" **(Taf. 19-b)** zeigt ein Gesicht, bei dem die großen, ungenau angelegten Augen leer erscheinen. Die Mundpartie ist wie bei einem mit schwarzem Tuch maskierten Räuber verdeckt. Die Augen im Gesicht der Grafik „Kopf IV" **(Taf. 23-a)** sind durch eine Art Augenmaske hervorgehoben. Eine markante Nase und ein Ohr, aber weder Augen noch Mund sind im Gesicht der Grafik „Kopf III" **(Taf. 21-b)** erkennbar. Möglicherweise lassen sich die leeren, verdeckten oder feh-

179 Wegewitz, Herbstsalon, ŭnaulŭtŭ, S. 41.

180 Krause 1911b, S. 422.

181 Bei Krause übersetzt mit „Steinchen im Sand". Siehe Krause 1911b, S. 423.

182 Wegewitz, Kopf IV, ŭnaulŭtŭ, S. 96 **(Taf. 23-a)**. Daneben sind zu nennen: Wegewitz, Kopf II, ŭnaulŭtŭ, S. 71 **(Taf. 19-b)**; Wegewitz, Kopf III, ŭnaulŭtŭ, S. 93 **(21-b)** sowie die Grafik auf S. 48 **(Taf. 14)**. In allen eingesehenen Exemplaren weist die Grafik auf S. 48 eine Kopfform auf, ist im Inhaltsverzeichnis aber als Leerseite „vakat" eingetragen. Die Grafik auf S. 69 ist hingegen im Inhaltsverzeichnis als „Kopf I" ausgewiesen, lässt jedoch keine Kopfform erkennen. Die Positionierung der Grafik „Kopf I" ist demnach verändert worden (von S. 69 auf S. 48). Eine Leerseite existiert nicht. Die Grafik, die sich stattdessen auf S. 69 befindet, ist eine gegenstandslose Lithografie von Olaf Wegewitz.

lenden Augen und Münder bei den Kopf-Darstellungen der vier Grafiken von Olaf Wegewitz in ganz ähnlicher Weise interpretieren, wie die Grafik „Stille" von Frieder Heinze: Problematisiert wird die zwischenmenschliche Kommunikation.

Den Künstlern ist damit die Auseinandersetzung mit dem Thema der zwischenmenschlichen Verständigung[183] und ein besonderes Interesse an der metaphernartigen Funktion abstrahierter Zeichen[184] gemeinsam.

3.2.3 Ein Gemeinschaftswerk

Nach ihren Gemeinschaftsarbeiten befragt, beschrieben Heinze und Wegewitz die Grafiken als einen künstlerischen Dialog auf einem gemeinsamen Blatt.[185] Was in der DDR generell unter Künstlern nicht unüblich war, habe bei ihnen besonders gut harmoniert und die Arbeiten beider bereichert. Auch einige der großen Arbeiten in ŭnaulŭtŭ sind in gemeinschaftlicher Arbeit entstanden.[186]

183 Vgl. dazu auch das Kapitel 3.3.1 zum Autorentext in ŭnaulŭtŭ und der Deutung des Karajá-Begriffes „ŭnaulŭtŭ".

184 Im Autorentext in ŭnaulŭtŭ formulieren die Künstler ihr Anliegen als „‚Wiederurbarmachen' von Bildzeichen". Heinze/Wegewitz, Autorentext, ŭnaulŭtŭ, S. 20. Die unmittelbare Verbindung einer abstrakten Form mit einer konkreten Bedeutung, die Fritz Krause beschreibt, hat beide Künstler fasziniert. Gespräch mit Heinze am 16.1.2012, Großpelsen und mit Wegewitz am 17.1.2012, Huy-Neinstedt. Vgl. Krause 1911a, S. 23 sowie dazu Kapitel 3.2.1. Weiterführend: Zbikowski 1996. In ihrer Arbeit zur Schrift in der Malerei des 20. Jahrhunderts beschäftigt sich Dörte Zbikowski unter anderem mit der Suche nach universellen Zeichensystemen im Zusammenhang mit primitivistischen Tendenzen in der Kunst.

185 Künstlergespräch im Museum der bildenden Künste in Leipzig am 18.3.2012, anlässlich der Ausstellung „Vom Klebeband zum Künstlerbuch" (08.3.–28.5.2012).

186 Um Gemeinschaftsarbeiten handelt es sich bei folgenden Grafiken: Grünschnabel, ŭnaulŭtŭ, S. 8/9, **(Taf. 6)**; Schwarzer Leopard, ŭnaulŭtŭ, S. 24 **(Taf. 28, r. o.)**; Fisch, ŭnaulŭtŭ, S. 27 **(Taf. 29, r. o.)**; Ausgeweidet, ŭnaulŭtŭ, S. 38, **(Taf. 28, l. u.)**; Zeichen, ŭnaulŭtŭ, S. 55 **(Taf. 15)**; Indianerlandschaft, ŭnaulŭtŭ, S. 101/102 (keine Abbildung). Dazu zu zählen wären ebenso die im Inhaltsverzeichnis als Einzelarbeiten ausgewiesenen Grafiken „Labyrinth" von Heinze und „Labyrinth zerstört" von Wegewitz, ŭnaulŭtŭ, S. 2

Ebenso wie bei der Zusammenarbeit untereinander, bestand bei den Künstlern auch die Vorstellung von einem Dialog mit den Karajá, der allerdings ohne den realen indigenen Dialogpartner stattfinden musste.[187] Sowohl Frieder Heinze als auch Olaf Wegewitz beschrieben, dass es ein Hauptanliegen gewesen sei, zu sehen, ob die eigenen Grafiken neben den Zeichnungen der Karajá bestehen würden.[188] In der Gestaltung des Buches ist ablesbar, dass die Künstler bemüht waren, die nicht für diesen Zweck angefertigten Zeichnungen der Karajá gleichberechtigt neben die eigenen Arbeiten zu stellen und so die Möglichkeit zu einem Dialog zwischen den Arbeiten zu schaffen. In ŭnâulŭtŭ́ findet weder eine Hierarchisierung noch eine Gruppenbildung der Grafiken statt. Die Arbeiten von Wegewitz, die von Heinze und die der Karajá sind im unregelmäßigen Wechsel angeordnet. Da die Reproduktionen der Karajá-Zeichnungen für das Buch stark vergrößert worden sind, kann davon ausgegangen werden, dass eine Angleichung der Gewichtung aller einbezogenen Grafiken bewusst angestrebt worden ist, wenn auch die Qualität einer Reproduktion mit der Tiefe und Stofflichkeit einer Originalgrafik nicht konkurrieren kann. Die nebeneinander angelegten Pendants scheinen so ausgewählt worden zu sein, dass den Karajá-Zeichnungen Reproduktion und Studiencharakter nicht zum Nachteil gereichen. So ist die Zeichnung „Karajá-Dorf 13“, die

---

und 3 **(Taf. 4-a)**. Schlussendlich sind die Assemblagen Kulturvergleich I und II als Gemeinschaftsarbeiten zu verstehen, ŭnâulŭtŭ́, S. 60 **(Taf. 17)** und ŭnâulŭtŭ́, S. 105 **(Taf. 25)**. Dabei sind die künstlerischen Anteile bei einigen Arbeiten klar voneinander getrennt und nur durch einzelne Elemente verbunden (z. B. ŭnâulŭtŭ́, S. 2 und 3; ŭnâulŭtŭ́, S. 38; ŭnâulŭtŭ́, S. 55), bei anderen Arbeiten stark ineinander verwoben, so dass die Zuschreibung nicht eindeutig ist (z. B. ŭnâulŭtŭ́, S. 8/9; ŭnâulŭtŭ́, S. 24; ŭnâulŭtŭ́, S. 27).

187 Den Wunsch nach einer aktiven Teilnahme der Karajá an diesem künstlerischen Projekt formulierte Heinze rückblickend während eines Künstlergespräches im Museum der bildenden Künste in Leipzig am 18.3.2012, anlässlich der Ausstellung „Vom Klebeband zum Künstlerbuch“ (08.3.–28.5.2012).

188 Gespräche am 23.3.2011 und 16.1.2012 mit Heinze in Großpelsen und am 29.8.2011 mit Wegewitz in Huy-Neinstedt.

einen besonders fragilen Eindruck macht, weil sich darauf unterschiedliche Einzel-Skizzen befinden, neben eine Radierung von Olaf Wegewitz gestellt, die durch ihre Zartheit, Unschärfe und Skizzenhaftigkeit ein gleichgewichtiges Pendant bildet **(Taf. 11-a)**[189]. Das Karajá-Ornament auf Seite 68 hat hingegen unter anderem durch seine ganzseitige Anlage eine starke Präsenz und bildet mit dem flächenfüllenden und farbintensiven Siebdruck von Wegewitz auf Seite 69 eine ebenfalls ausgeglichene Doppelseite **(Taf. 19-a)**[190].

Einige Arbeiten stellen einen formalen Bezug zu den Arbeiten der Karajá her. Die mit „Vogel" betitelte Reproduktion der Zeichnung, auf der die Karajá in klaren Formen Vögel gezeichnet haben, ohne sich an eine gemeinsame Ansichtsseite zu halten, wird begleitet von Heinzes Holzschnitt „Tanz", dessen Figuren analog dazu um das Blatt herumzutanzen scheinen **(7-b)**[191]. Dieser Doppelseite ist eine zweiseitige Lithografie von Wegewitz vorangestellt, die ein großes Vogelwesen mit ausgebreiteten Flügeln assoziieren lässt **(7-a)**[192]. Zwischen den sonst sehr unterschiedlichen Blättern „Am Waldrand" von Heinze und der zugeordneten Karajá-Zeichnung, stellen karo-förmige Negativ-Formen eine Blickbeziehung her **(Taf. 11-b)**[193]. Ein eindeutiger formaler Bezug lässt sich auch bei den zwei-seitigen Arbeiten „Fetische" und „Tier-Maske" aufzeigen **(Taf. 13)**[194]. Die Darstellungen der Tiermasken der Karajá werden Heinze zu seinen Fetisch-Figuren

189 Karajá, Karajá-Dorf 13, ŭnaulŭtŭ, S. 36; Wegewitz, 15/12/84, ŭnaulŭtŭ, S. 37.

190 Karajá, 1. 2., ŭnaulŭtŭ, S. 68 sowie die gegenstandslose Lithografie von Wegewitz auf S. 69, die im Inhaltsverzeichnis nicht aufgeführt ist (Vgl. dazu Fußnote 181).

191 Karajá, Vogel, ŭnaulŭtŭ, S. 12; Heinze, Tanz, ŭnaulŭtŭ, S. 13.

192 Wegewitz, 24/2/84, ŭnaulŭtŭ, S. 11.

193 Heinze, Am Waldrand, ŭnaulŭtŭ, S. 39; Karajá, Gewehr, ŭnaulŭtŭ, 40. Die Zeichnung in der Entwurfsfassung des Buches weist diese Formen noch nicht auf. Heinze hat sie also einfließen lassen, nachdem die Reihenfolge der Grafiken festgelegt war.

194 Heinze, Fetische, ŭnaulŭtŭ, S. 44; Karajá, Tiermaske, ŭnaulŭtŭ, S. 47.

angeregt haben. Aber auch Wegewitzens Holzschnitt auf Seite 33 scheint an die benachbarten Zeichnungen der Karajá angelehnt zu sein **(Taf. 10-a)**[195]. Direkte formale Beziehungen zwischen den Grafiken der Künstler und den reproduzierten Karajá-Zeichnungen sind jedoch nur in einzelnen Fällen zu erkennen und sind wohl nicht programmatisch, sondern haben sich im Arbeitsprozess ergeben.

Die Arbeiten der Karajá sowie die von Heinze und Wegewitz befinden sich in einer Gemengelage von gegenseitigen kulturellen Einflüssen. Die Zeichnungen der Karajá vermitteln Aspekte ihrer Kultur, sind aber auch durch den Einfluss eines europäischen Ethnologen zustande gekommen, so wie die Grafiken von Heinze und Wegewitz sowohl aus der Auseinandersetzung mit der europäischen Kunstgeschichte, als auch aus der Beschäftigung mit dem Fremden und Anderen hervorgegangen sind. Die zwei Assemblage-Arbeiten, die als „Kulturvergleich I" und „Kulturvergleich II" im Inhaltsverzeichnis angegeben sind, scheinen diese Problematik zu verhandeln. Die Assemblagen liefern keine Gegenüberstellungen von Arbeiten zweier unterschiedlicher Kulturen, wie nach den Titeln vermutet werden könnte. „Kulturvergleich I" ist die im Zentrum des Buches befindliche Seite mit dem Arrangement von Wegewitz aus Birkenrinde, Flechtarbeit und Schwirrholz neben einer sparsamen Papiercollage mit einkaschierter Schnur von Heinze, die Symbole wie Pfeil und Bogen sowie ein Herz und eine 8 beinhaltet **(Taf. 17)**.[196] „Kulturvergleich II" besteht aus dem von Wegewitz geschöpften Stück Papier aus Brennnesseln und Pflaumenrindenbast und einer farbenfrohen, ungegenständlich bemalten Papiercollage Heinzes **(Taf. 25)**[197], beide sind mit weißem Garn an den Buchseiten fest-

195 Wegewitz, 3/8/84, ŭnaulŭtŭ, S. 33; Karajá, Schenkel und Körperseiten, ŭnaulŭtŭ, S. 34.

196 Heinze/Wegewitz, Kulturvergleich I, ŭnaulŭtŭ, S. 60.

197 Heinze/Wegewitz, Kulturvergleich II, ŭnaulŭtŭ, S. 105.

genäht.[198] Die Assemblagen zeigen Elemente, die auf eine Inspiration durch die Beschäftigung mit den Karajá zurückzuführen sind. Insbesondere die Flechtarbeit und das Schwirrholz, aber auch Symbole wie Pfeil und Bogen verweisen auf das Lebensumfeld dieses indigenen Volkes, sind dabei aber ausgewiesener maßen aus heimischen Materialien erstellt worden und tragen die Handschrift der Künstler Heinze und Wegewitz. Damit bewegen sich die Arbeiten zwischen Konstruktion und Authentizität – eine Charakterisierung, die wohl für das ganze Künstlerbuch zutreffen mag, das eine Annäherung an das indigene Volk der Karajá konstruiert, dabei aber keine Illusion erschaffen will, sondern bezüglich des Arbeitsprozesses der Künstler authentisch bleibt. ŭna͡ulŭtŭ́ ist eine Konstruktion in Bezug auf die Lebenswelt der Karajá; Authentizität wird hergestellt durch die offene Vermittlung des Arbeitsprozesses.

3.3 Die Texte in ŭna͡ulŭtŭ́

3.3.1 Der Autorentext

Den roten Faden durch den kurzen Text von Heinze und Wegewitz bilden Überlegungen zum Titel „ŭna͡ulŭtŭ́ – Steinchen

198 In der Entwurfsfassung des Buches sind diese Assemblagen noch sehr viel aufwändiger gestaltet. Die parallel geführten Fäden, durch die das Stück Birkenrinde im „Kulturvergleich I" aufgerichtet wird, sind dort mit einer Papierkaschur zu einer Art Segel verbunden. Die zugehörige Collage Heinzes besteht im Entwurf aus karierten Blättern unterschiedlicher Färbung, über die ein Japanpapier kaschiert und mit Pinselschwüngen bemalt worden ist. Die farblich zurückgenommene Collage bildet mit der fragilen Segel-Konstruktion und dem Flechtband mit seinen filigranen Enden eine grafisch besonders zarte Komposition. Auch die Elemente des „Kulturvergleichs II" unterscheiden sich von der veröffentlichten Fassung. Drei geschöpfte Papiere von Wegewitz, quadratisch und gleichgroß, in Braun-Rot und Grau, korrespondieren mit einer in Braun- und Ockertönen gehaltenen Collage von Heinze. Letztere ist mit den kurzen Sätzen „Im Morgengrauen ist es noch still" und „Seinen eigenen Weg gehen" bestempelt. Für die Veröffentlichung ist diese aufwändigere Gestaltung vereinfacht worden.

im Sand".[199] Seinen Ursprung hat der Titel in einer der Karajá-Zeichnungen.[200] Das Muster zeigt mäandernde Flächen, die teils weiß gelassen sind, teils mit vielen kleinen Punkten versehen sind. In der Beischrift Krauses ist das Wort „ŭnâulŭtŭ̋" zu lesen, das in seiner Veröffentlichung mit „Steinchen im Sand" übersetzt wird.[201] Heinze und Wegewitz deuten das Wort in einer, wie sie schreiben, „auch an asiatische Philosophien erinnernde[-n]" Art und Weise. Das lässt an die sogenannten Zen-Gärten denken, in denen einzig mit Hilfe von Steinen und Moos im Kleinen als Mikrokosmos eine große Landschaft dargestellt wird. Auch die vorgeschlagene Alternativübersetzung „Blatt am Baum" macht deutlich, dass sich die Künstler als Teil eines großen Ganzen verstanden wissen wollen, eines großen Ganzen, dessen „Sinn [..] sich nur aus dem Zusammenhang [erschließt]". Diese Zusammengehörigkeit vermittelnde Deutung beansprucht ihre Geltung sowohl im Rahmen des Künstlerbuchprojektes, das nur durch die Mithilfe vieler Hände entstehen konnte[202], als auch in globalen Zusammenhängen, wie die in einem Ausstellungskatalog zitierte Aussage der Künstler zeigt, in der es heißt, der Titel beschreibe „unser aktives Verhältnis zu Natur, Kultur und Gesellschaft"[203]. Bezüglich der Natur entwirft das Bild vom „Steinchen im Sand" eine Vorstellung von der Menschheit als Teil der Natur, eine Vorstellung vom Menschen als einem klei-

199 Der „Autorentext" befindet sich auf Seite 20 und damit direkt hinter dem Titelblatt des Buches in der mittleren Bindung. In der bei Brusberg herausgegebenen Variante ist der Autorentext mit „Versuch eines Textes" überschrieben. Offensichtlich hatte Brusberg kein großes Vertrauen in die Textarbeit von Heinze und Wegewitz.
Alle nicht anders gekennzeichneten Zitate dieses Kapitels stammen aus dem Autorentext, ŭnâulŭtŭ̋, S. 20.

200 Karajá, unaulutu – Steinchen im Sand, ŭnâulŭtŭ̋, S. 85 **(Taf. 20-b)**. Die aus dem Skizzenbuch Krauses stammende Zeichnung (SKD, SES, Grassi Museum, Skizzenbuch I – Karajá Zeichnungen, Inv.Nr.: A4.h)1, S. 17) ist außerdem veröffentlicht in: Krause 1911a, Fig. 121.

201 Krause 1911b, S. 423. Vgl. Anhang I.

202 „Auch alle beteiligten [...] haben zu dem Ergebnis beigetragen, daß wir ŭnâulŭtŭ̋ – ‚Steinchen im Sand' nennen." Autorentext, ŭnâulŭtŭ̋, S. 20.

203 Akat. Papiergesänge, 1992, S. 274.

nen Element in einem großen Zusammenhang, und vermittelt somit Demut der Natur gegenüber. Was die Kultur betrifft, betont das Bild die verbindende Rolle der Kultur, nicht die abgrenzende: Die Steinchen im Sand oder die Blätter am Baum sind im Detail alle unterschiedlich, von Ferne betrachtet sind jedoch alle gleich und Teil eines gemeinsamen Ganzen. Übertragen auf die Kulturen des Menschen, legt das Bild den Fokus auf Kulturen als etwas, das nur dem Menschen – und dabei allen Menschen – eigen ist. Heinze und Wegewitz wollen Kulturgüter daher nicht als ein Mittel der Abgrenzung zwischen verschiedenen Bevölkerungsgruppen verstanden wissen, sondern als verbindendes Element; mit ŭnâulŭtŭ wollen sie die „Abgrenzungsfunktion der Kulturen in Frage [...] stellen", wie sie im Autorentext formulieren. Durch die Einflüsse „fremder Kulturformulierungen" im 19. und 20. Jahrhundert sehen Heinze und Wegewitz den Anfang einer Entwicklung der Überwindung von Kulturgrenzen, einen „vielleicht noch nicht selbstverständlichen" Vorgang, den sie mit der „Wiederurbarmachung" der Bildzeichen der Karajá anstoßen wollen. In diesem Zusammenhang verweisen die Künstler im Autorentext explizit auf eine Form der Rezeption, die sie dem Betrachter des Künstlerbuches „anempfehlen": die Meditation. Einen „zusätzlichen motorischen Anstoß" solle das „Spielmaterial" im Buch bieten (gemeint sind insbesondere der mit Reiskörnern gefüllte Buchdeckel, die sich entfaltende Konstruktion aus Schnüren und Birkenrinde sowie das Schwirrholz). Bei dem Künstlerbuch ŭnâulŭtŭ solle es auch darum gehen, „frische Form- und Materialsprachen in einen abgeschlossenen Kulturkreis einzubringen". So gewinnt auch die gesellschaftliche Ebene der Deutung des Buchtitels an Brisanz, wenn die Vielschichtigkeit der Formulierung „Steinchen im Sand" – im Gegensatz zu der eindeutigen Übersetzung „Blatt am Baum" – einbezogen wird. Denn das Steinchen im Sand, das spitze Steinchen, das in die Sandale rutscht, kann auch als Störfaktor wahrgenommen werden.[204] Neben dem Hauptverständnis der Künstler, sich

204 Ein auf die Präsentation des Buches in der Galerie Brusberg reagierender Zeitungsartikel von Heinz Ohff entwirft diese Deutung: „Sie wollen störend in unseren Kultur- und Zivilisationsbetrieb eingreifen, wie eben jene

als Teil eines Ganzen zu betrachten und das Buch ŭnâulŭtŭ́ als ein Zeichen der Grenzüberschreitung anzusehen, wirkt auch die Deutung des Steinchens als Störfaktor mit und vertritt ihre Kunst in den engen Grenzen der Kunst in der DDR, vertritt das außergewöhnliche Künstlerbuch in den engen Grenzen der offiziellen Buchproduktion.

3.3.2 Boglárs Schöpfungsgeschichte[205]

Durch die Vermittlung von Edna Wegewitz, Mitarbeiterin im Völkerkundemuseum Leipzig und Schwester des Künstlers, hatte Olaf Wegewitz den aus Brasilien stammenden und in Ungarn lebenden Ethnologen Lajos Boglár (1929–2004) kennengelernt und war mit ihm über das geplante Künstlerbuch ins Gespräch gekommen. Als Mitarbeiter des Budapester Néprajzi Múzeum in den 60er und 70er Jahren hatte Boglár Forschungsreisen ins Amazonasgebiet unternommen, wo sein Hauptinteresse dem Volk der Piaroa galt.[206] Er hatte jedoch auch die Karajá kennengelernt – über 50 Jahre nachdem Fritz Krause dort gewesen war. Im Bezug zur ostdeutschen Lebenswelt von Heinze und Wegewitz stellte Boglár eine Verbindung zu Fritz Krause und den Karajá her und kann als eine Art zeitliche und geografische Vermittlerfigur gesehen werden. Der Umstand, dass Lajos Boglár am Buchprojekt beteiligt wurde, zeigt m. E. das Bedürfnis der Künstler nach einer authentischen Verbindung zu den südamerikanischen Kulturen.[207]

---

kleinen Steinchen stören können, wenn sie aus dem Sand in den Schuh gelangen." Ohff, Berliner Tagesspiegel, 27.7.1986.

205 Boglàr, Die Erschaffung der Welt und ihrer Dinge, ŭnâulŭtŭ́, S. 31/32.

206 Vgl. dazu die in der DDR erschienenen Publikationen: Boglár 1982; Boglár/Kovács 1983. Die Ausstellung „Amazonien – Wege zu den Indianern" (14.7.2011–08.4.2012) am Néprajzi Múzeum in Budapest beruhte auf dem volkskundlichen Material, das Lajos Boglár von seinen Forschungsreisen mitbrachte. Akat. Amazónia. Utak az indiánkhoz Írta, (14.7.2011–08.4.2012, Néprajzi Múzeum), Budapest: Néprajzi Múzeum, 2011 (non vidi).

207 „Er war dagewesen!", Wegewitz im Gespräch, 17.1.2012, Huy-Neinstedt.

Die von Boglár in drei Teilen nacherzählte Schöpfungsgeschichte in ŭna͡ulŭtŭ́ entstammt den mythischen Erzählungen der Piaroa.[208] Darin spielt die Produktion von Kunst eine besondere Rolle. Zum einen wird die Schöpfung als künstlerischer Akt dargestellt, zum anderen wird die Vermittlung von Kunst im rituellen Zusammenhang thematisiert. In einem ersten Teil beschreibt Boglár den Mythos zur Schöpfung der Welt, der Pflanzen, Tiere und der „Indianer" durch die Brüder Buoka und Wahari. Der zweite Teil erzählt, wie Wahari den Indianern beibringt, für eine Zeremonie Instrumente und Masken zu bauen, zu malen, zu tanzen und zu singen.[209] Im dritten Teil wird geschildert, wie Wahari den weißen Menschen erschafft und letztendlich von ihm verjagt und in den Tod getrieben wird. Im Mythos nutzt Wahari Fische als Material für die Schaffung des Menschen. Er trennt einen See durch einen Damm, so dass sich auf der einen Seite die Fische befinden, aus denen der indianische Mensch geschaffen wird und auf der anderen die, aus denen der weiße Mensch entstehen soll. „Er schuf auch eine Gestalt in die Mitte des Sees", heißt es in der Nacherzählung Boglárs. „In diese modellierte er seinen Bruder, Buoka, seit dem haben die Weißen ein Abbild von Menschen und Tieren". Nicht ganz schlüssig, da die Schaffung des weißen Menschen und die Schaffung des Indianers gleichermaßen mit dem in der Mitte geformten Abbild Buokas zusammenhängen müssten, wird hier aber ausschließlich der weiße Mensch als einer charakterisiert, der sich mimetische Abbilder von Menschen und Tieren schafft. Diese Unterscheidung zwischen Indianern und Weißen findet ihr Pendant in den Beobachtungen Fritz Krauses, wenn er beschreibt, dass die Karajá nicht gewohnt waren, Menschen, Tiere und Gegenstände mimetisch abzubilden.

208 In seiner 1982 erschienenen Publikation flicht Boglár in die Beschreibung seines Aufenthalts bei den Piaroa immerwieder deren mythische Geschichten ein, u. a. den Schöpfungsmythos und eine Geschichte zu den Maskentänzen. Die Nacherzählung in ŭna͡ulŭtŭ́ geht offensichtlich auf dieselben Mythen zurück, ist jedoch kürzer. Vgl. Boglár 1982.

209 Im nacherzählten Mythos sagt Wahari: „Wenn ich für immer von euch gehe, bleibt euch der Tanz der Masken: er ruft mich euch immer ins Gedächtnis...". Boglár, Die Erschaffung der Welt und ihrer Dinge, ŭna͡ulŭtŭ́, S. 31.

Damit wird in ŭnâulŭtŭ erneut der in der Moderne geführte Diskurs bezüglich gegenständlicher und abstrakter Kunst thematisiert, der in der DDR der 50er und 60er Jahre mit der Formalismus-Debatte neue Aktualität gewonnen hatte.

3.3.3 Die Ketschua-Lyrik

„Ketschua", oder in der spanischen Schreibweise „Quechua", bezeichnet sowohl eine Gruppe verwandter Sprachen, als auch die ethnischen Gruppen, die diese Sprachen sprechen. Die „Ketschua-Lyrik" in ŭnâulŭtŭ miteinzubeziehen, war ein Anliegen des Verlegers Hans Marquardt. Der Reclam-Verlag Leipzig hatte in der Reihe der Universal-Bibliothek bereits deutsche Nachdichtungen von Ketschua-Lyrik herausgegeben.[210] Aus dieser Ausgabe wurden vier nachgedichtete Überlieferungen für ŭnâulŭtŭ ausgewählt. Drei von ihnen sind auf die Zeit vor der spanischen Kolonialherrschaft zurückzuführen, eines stammt aus der Kolonialzeit, die 1533 mit der Eroberung des Inka-Reiches durch Franzisco Pizarro begann. Die erste Überlieferung ist ein Bitt-Gebet, das an die oberste Gottheit der Inka, an Viraqocha, gerichtet ist.[211] Auch die zweite Überlieferung ist ein Gebet an den „erhabenen Gott", dem Gründer des Inka-Reiches Manco Cápac als Autor zugeschrieben.[212] Die beiden Gebete sind sehr ähnlich aufgebaut – in beiden wird Viraqocha als Schöpfer der Welt charakterisiert und um Anhörung gebeten – das letztere ist jedoch für die Figur des Herrschers präzisiert.[213] Das dritte Gebet ist ebenfalls an Viraqocha gerichtet und bittet für ein langes Leben des Inka-Herrschers, bittet für Frieden und Sicherheit seiner „Diener und Gefolgsleute" sowie für Siege über seine Feinde.[214] Bei dem vierten Text handelt es sich um eine Art Totenklage, die

---

210 Razzeto 1976.

211 Ketschua-Lyrik, ŭnâulŭtŭ, S. 54 bzw. Razzeto 1976, S. 32.

212 Ketschua-Lyrik, ŭnâulŭtŭ, S. 59 bzw. Razzeto 1976, S. 38f.

213 „Du gewährtest mir / den Herrscherstab. / Höre mich / bevor ich falle, / bezwungen oder tot." Ketschua-Lyrik, ŭnâulŭtŭ, S. 59 bzw. Razzeto 1976, S. 39.

214 Ketschua-Lyrik, ŭnâulŭtŭ, S. 92 bzw. Razzeto 1976, S. 35.

dem letzten Herrscher des Inka-Reiches gewidmet ist.[215] Es wird beschrieben, wie „die grausamen Weißen, die nach Gold verlangen" über das Land herfielen und den Inka Herrscher Atahualpa „mit des Pumas Grausamkeit, und des Fuchses Gerissenheit" töteten. In einer Fußnote wird auf den Spanier Pizarro verwiesen, der Anfang des 16. Jahrhunderts das Inka-Reich eroberte, den letzten Herrscher der Inka ermordete und perfiderweise einen neuen Herrscher mit dem Namen Manco Cápac II. ernannte. Pizarro kann als Inbegriff des erbarmungslosen und gierigen europäischen Eroberers betrachtet werden. Mit nur einem kleinen Heer und modernen Waffen war es ihm gelungen, eine bedeutende Hochkultur zu besiegen und ihren Herrscher Atahualpa festzunehmen, ohne selbst Verluste zu erleiden. Als Lösegeld hatte Pizarro Gold und Silber erhalten; Atahualpa war dennoch durch Pizarros Anhängerschaft ermordet worden.[216]

Die Folge der vier Gebete zeichnet den Niedergang der Kultur der Inka nach und betont die Rolle des Europäers als grausamer Eroberer. Damit wird in ŭna͡ulŭtŭ́ ganz grundsätzlich die Ausbeutung der indigenen Kulturen durch die europäische Welt thematisiert.

3.3.4 Die Rede Seattles

Die sogenannte „Rede des Häuptlings Seattle", die vor allem in den 1970er und 80er Jahren in der BRD bekannt wurde, ist in ŭna͡ulŭtŭ́ meines Wissens das erste Mal in der DDR veröffentlicht worden.[217] Unabhängig davon kann der Text in der DDR durchaus bereits vorher im Umlauf gewesen sein, er wird jedoch nicht so bekannt gewesen sein wie in der BRD.[218]

215 Ketschua-Lyrik, ŭna͡ulŭtŭ́, S. 100 bzw. Razzeto 1976, S. 92f.

216 Zur Darstellung der historischen Ereignisse siehe: Grün 1978.

217 Rede des Häuptlings Seattle, ŭna͡ulŭtŭ́, S. 73f.

218 Heinze war der Text vor dem ŭna͡ulŭtŭ́-Projekt unbekannt, Wegewitz hat ihn hingegen gekannt. Gespräch mit Heinze am 16.1.2012 in Großpelsen und mit Wegewitz am 17.1.2012 in Huy-Neinstedt.

Ausgangspunkt der wechselvollen Geschichte dieses Textes ist die auf 1854 datierte Rede von Seattle (1786–1866), dem Häuptling der Suquamish und Duwamish, die im Gebiet des heutigen US-Bundesstaates Washington lebten.[219] Seattle soll die Rede anlässlich der Friedensverhandlungen von Point Elliot, in denen Teile des Territoriums der indigenen Bevölkerung an weiße Siedler übergeben wurden, gehalten haben. Sie soll jedoch nicht, wie häufig angenommen wird und wie auch in ŭnaulŭtŭ vermerkt ist, erst 1855 vor dem Präsidenten der Vereinigten Staaten, sondern bereits im Vorfeld der Verhandlungen 1854 gegenüber einem Vertreter des Präsidenten, dem Gouverneur Stevens, vorgetragen worden sein. Eine erste schriftliche Fassung erschien über 30 Jahre später in der Zeitschrift „Seattle Sunday Star" vom 29.10.1878. Verfasst wurde sie von Herny A. Smith (geb. 1830), der bei der Rede anwesend war und sich – so schreibt er selbst – ausführliche Notizen gemacht habe, auf denen nun die ausformulierte Variante beruhe.[220] Vielfach ist auf die literarischen Freiheiten des Verfassers, auf idealisierende Tendenzen in der Schilderung der Person Seattles und auf die stark viktorianisch geprägte Sprache hingewiesen worden.[221] Der wiederholte Nachdruck dieser ersten Fassung hat jedes Mal kleine Änderungen hervorgebracht. Eine sprachlich neue Version erschien 1969 und stammt von dem Dichter und Literaturwissenschaftler William Arrowsmith. Er wandelte die Rede zwar in ein modernes Eng-

219 Die grundlegenden Informationen zur Geschichte der Rede sind Kaiser 1985 entnommen, hier S. 34.

220 Herny A. Smith: Early Reminiscences, Scraps from a Diary, in: Seattle Sunday Star, 29.10.1878, zitiert nach: Kaiser 1985, S. 36; mit einem fotomechanischen Nachdruck des Artikels, S. 69–73. Nach Kaiser 1985, S. 38 sei die Existenz der Notizen 1934 durch einen Rechtsanwalt bestätigt worden, das Notizbuch sei jedoch nicht erhalten.

221 u. a. bei Kaiser 1985, S. 37f. Die literarischen Ambitionen des Verfassers werden zum Beispiel im abschließenden Satz deutlich, der m. E. als wirkungssteigerndes Stilmittel der Untertreibung und Bescheidenheit zu lesen ist: „Dies ist lediglich ein Bruchstück der Rede des Häuptlings Seattle, dem die ganze Faszination fehlt, die von der Güte und dem Ernst des würdigen alten Redners und dem Ereignis ausging. (Dr. Smith, der beteiligte Dolmetscher, der die Rede in englischer Sprache notierte.)".

lisch um, blieb inhaltlich jedoch nah an der ersten Fassung.[222] Die bekannteste und in ŭnaulŭtŭ veröffentlichte Variante der Rede wird von Michaela und Rudolf Kaiser auf einen 1970/71 von Ted Perry (Professor an der Universität Texas) als Filmscript verfassten Text zurückgeführt. Dieser Text weicht nicht nur sprachlich, sondern auch inhaltlich von der ersten Fassung ab und deutet die Rede für den Film um, der ökologische Fragestellungen behandelt.[223] Erst mit dieser Version sei Seattle „zu einem Ökologen geworden", schreibt Kaiser.[224] Denn darin gibt der Häuptling Seattle seinem Unverständnis darüber Ausdruck, dass Land gekauft und verkauft werden kann. „Diese Vorstellung ist uns fremd", heißt es dort. „Wenn wir die Frische der Luft und das Glitzern des Wassers nicht besitzen – wie könnt ihr es von uns kaufen?" In der Rede macht Seattle die Bedeutung des Landes für die Geschichte und für die Ahnen seines Volkes deutlich; er beschreibt die Erde als seinen „Bruder", nicht seinen „Feind"; er möchte das Land nur unter der Bedingung verkaufen, dass „der weiße Mann [...] die Tiere des Landes behandeln [muss] wie seine Brüder" und er prophezeit, dass der „weiße Mann" seine Lebensgrundlage selbst zerstören wird.

Die Idealisierung der Rede im Zusammenhang mit der Ökologiebewegung in der BRD löste Anfang und Mitte der 1980er Jah-

222 So schätzt Kaiser den Text von Arrowsmith in der Zeitschrift Arion (1969) ein. Kaiser 1985, S. 40

223 Der Film „Home", im deutschsprachigen Raum: „Söhne der Erde", ist 1972 von der „Radio and Television Comission" der „Southern Baptist Convention" gedreht worden. Kaiser 1985, S. 42.

224 Kaiser 1985, S. 42. Kaiser verteidigt die Version. Der Verfasser habe „keineswegs die Absicht [gehabt] sich mit fremden – indianischen – Federn zu schmücken, noch wollte er dem Häuptling mehr als 100 Jahre nach dessen Tod eine falsche Rede unterschieben. Er wollte vielmehr seine Gedanken über das Verhältnis von Indianern und Weißen zur Umwelt in sprachliche und visuelle Gestalt bringen und benutzte dabei als Ausgangspunkt, sozusagen als ‚Aufhänger', die Rede des Häuptlings", Ebd., S. 43; „Warum sollten wir einen solchen Text weniger gut finden, nur weil wir erfahren, daß nicht ein indianischer Häuptling, sondern ein weißer Professor ihn geschrieben hat?", Ebd., S. 44.

re, in der Entstehungszeit von ŭnâulŭtŭ, eine Kontroverse aus.[225] Die Authentizität der Rede wurde in Frage gestellt und die Kritik vor allem mit faktischen Fehlern in der letzten Version begründet.[226] Die umstrittene Rede in ŭnâulŭtŭ aufzunehmen, war ein Vorschlag des Verlegers Marquardt, dem die Kritik durchaus bekannt war. Deshalb verteidigt er die Rede in den Marginalien, indem er schreibt, dass auch diejenigen, „die diese Rede in den Bereich der Legende verweisen", sich ihrer Suggestivkraft nicht würden entziehen können.[227] Die Künstler waren durchaus einverstanden mit der Erweiterung durch die Rede. Zwar war ihnen bewusst, dass die Rede im Gegensatz zu allen anderen Zeugnissen indigener Völker in ŭnâulŭtŭ aus Nordamerika stammte, sofern man denn von ihrem wahrhaftigen Ursprung ausgeht, doch empfanden sie die Häuptlings-Rede inhaltlich als passend.[228] In der Tat unterstreicht die Rede die Vorstellung von den in Einklang mit der Natur lebenden indigenen Völkern und damit den ökologischen Aspekt des Buches, der in der Verwendung organischer Materialien bereits angelegt ist.

3.3.5 Die Texte Klaus Werners

Der Kunsthistoriker Klaus Werner (1940–2010)[229] ist von Heinze und Wegewitz gebeten worden, einen Text für das Künstler-

225 Vgl. dazu: Gehlen/Pytlik 1984; Gruhl 1985; Kaiser 1985.

226 Kaiser 1985, S. 45. Kaiser rekapituliert die Kritikpunkte: So gäbe es weder zu Seattles Zeit die im Text erwähnte Eisenbahn, noch lebten im Gebiet der Duwamish Büffel und Ziegenmelkervögel.

227 Marquardt, Marginalien, ŭnâulŭtŭ, S. 21.

228 Gespräche am 16.1.2012 mit Heinze in Großpelsen und am 17.1.2012 mit Wegewitz in Huy-Neinstedt.

229 Als Mitarbeiter des Kulturministeriums stammte Klaus Werner aus Funktionärs-Kreisen und war SED-Mitglied. Wegen seines Einsatzes für zeitgenössische experimentelle Kunst wurde Klaus Werner jedoch Mitte der 60er Jahre und nochmal endgültig 1981 aus der SED ausgeschlossen, 1968 aus seiner Stelle am Kulturministerium gedrängt und 1973 als Mitarbeiter an der Kunsthochschule Berlin-Weissensee gekündigt, verbunden mit einem Parteiverfahren. Die 1973 durch Werner gegründete Galerie „Arkade", die 1975 zu einer Galerie des Staatlichen Kunsthandels wurde, avancierte besonders für kritische junge Künstler zu einem der wichtigsten

buch zu verfassen. In der Folge sind drei Texte entstanden, wobei der erste unter der Überschrift „Obsession der Moderne“[230] den Primitivismus in der Kunst zu Beginn des 20. Jahrhunderts darstellt, der Text „Zeichen-Gemeinschaft“[231] die Zusammenarbeit der beiden Künstler charakterisiert und der dritte Text, überschrieben mit „manus facere“[232], sich mit dem Medium Buch auseinandersetzt. Die drei Texte sind gleichberechtigt mit der Ketschua-Lyrik, der Schöpfungsgeschichte Boglárs und der Rede des Häuptlings Seattle zwischen den Grafiken positioniert. Es verwundert, kunsthistorisch orientierte Texte ebenbürtig mit Gebeten und Mythen innerhalb eines Künstlerbuches zu finden. Die Selbstverständlichkeit mit der Wegewitz und Heinze in ihr Künstlerbuch eine theoretische Reflexion desselben einbeziehen, rührt m. E. von der in der DDR üblichen Gattung des originalgrafischen Ausstellungskatalogs her.[233] Hinzu kommt, dass Werner in ŭnaulŭtŭ zwar kunsthistorische Themen anspricht, die Sprache jedoch keine wissenschaftliche ist. Neben den fehlenden Fußnoten lässt insbesondere die metaphernreiche Sprache seine Texte sogar poetisch anmuten. Er kleidet seine Ausführungen in Formulierungen, die oft Klarheit vermissen lassen.[234] Werner be-

öffentlichen Orte der Präsentation experimenteller Kunst in der DDR. Sie wurde 1981 nach mehreren Verwarnungen geschlossen u. a. wegen der Teilnahme des westdeutschen Künstlers Klaus Staeck an einem sog. Pleinair. Ab 1977 ist Werner vom MfS im Operativen Vorgang (OV) „Arkade“ und „Galerie“ bearbeitet worden. Mit dem Ziel den VBK zu reformieren, war Werner 1988 Mitbegründer einer oppositionellen Gruppe im VBK. Müller-Enbergs/Wielgohs/Hoffmann 2000, S. 909.

230 Werner, Obsession der Moderne, ŭnaulŭtŭ, S. 30.

231 Werner, Zeichen-Gemeinschaft, ŭnaulŭtŭ, S. 52.

232 Werner, manus facere, ŭnaulŭtŭ, S. 90.

233 Aus den Schwierigkeiten eine Veröffentlichung zu realisieren, war diese Form des Ausstellungskatalogs entstanden, die sich auf der Schwelle zwischen Katalog und Künstlerbuch befand und die Kunst mit ihrer theoretischen Reflexion verband. Vgl. Akat. Künstlerbücher und Zeitschriften im Eigenverlag, 1991, S. 10. Vgl. außerdem Kapitel 2.3.

234 Die Kritik Karl Max Kobers an dem von Werner formulierten Katalogtext zum 1. Leipziger Herbstsalon setzte an einem ähnlichen Punkt an. Vgl. dazu Fußnote 56.

nennt jedoch wichtige Schlagworte des Primitivismus bei Heinze und Wegewitz sowie bei der künstlerischen Avantgarde des beginnenden 20. Jahrhunderts, wenn auch schwer auszumachen ist, welche Position er selbst dazu einnimmt. „Das Schlagwort der ‚Neuen Sinnlichkeit'", so schreibt Werner über ŭnâulŭtŭ, werde „zurückgetragen zu jenem Punkt der Geschichte, an dem Material noch Magie und Natur war, an dem die Bilder dem Alltag ebenso nahe wie dem Zauber standen".[235] Die indigenen Kulturen werden hier als besonders spirituell und naturnah charakterisiert und mit einem in der Geschichte zurück liegenden Zeitpunkt assoziiert. Wenige Zeilen später schreibt Werner, dass die Künstler „ihrer privaten Mythologie [verfallen seien], in der das Tatsächliche sie allenfalls wie eine dunkle Ahnung streift". Im Gegensatz zu dem zuvor zitierten Absatz gibt Werner an dieser Stelle der Differenz Ausdruck, die zwischen den in ŭnâulŭtŭ vermittelten sehr allgemeinen Vorstellungen von indigenen Kulturen und ihren realen Lebensverhältnissen besteht. Was die Geschichte des Primitivismus betrifft, weist Werner auf den kolonialistischen Ausgangspunkt des Interesses hin und erwähnt dabei sowohl die Ausbeutung und Diskriminierung der indigenen Völker als auch ihre Idealisierung. Er stellt außerdem die künstlerische Avantgarde des beginnenden 20. Jahrhunderts mit ihrem Interesse an fremden Kulturen als Vorreiter der entstehenden Ethnologie dar und beschreibt die Orientierung der europäischen Kunst an indigenen Kulturen als „ethnografische Atemspende", die über die Krise hinweggeholfen habe.

Im Text „Zeichen-Gemeinschaft" findet Werner treffende bildhafte Formulierungen für die Charakterisierung des Wirkens der Künstler und ihrer Zusammenarbeit: Sie würden „ihren Kontakt in einer Art spielerisch-ernste[-n] Konstruktion, im Papierdrachen, im naiven Flugobjekt" finden. Die Bilder vom Papierdrachen und vom „naiven" Flugobjekt beschreiben den schmalen Grat, der bei ŭnâulŭtŭ zwischen Spiel und Ernst liegt. Die Metaphern verdeutlichen die Experimentierfreude und Erfinder-

235 Werner, Obsession der Moderne, ŭnâulŭtŭ, S. 30.

lust, die für das Künstlerbuch bezeichnend sind, und machen für ŭnâulŭtŭ Naivität und Genie gleichermaßen verantwortlich. Werner skizziert die Leichtigkeit, Heiterkeit und Phantasie der Arbeiten Heinzes, wenn er schreibt, dass Heinze sich dem „Spiel der Verwandlungen" hingebe und sich dem Mythos verschrieben habe, „einmal seiner heiteren Entblößung, seiner Demaskierung vor dem aufgeklärten Wissen, ein anderes Mal seiner dunklen Mitbedeutung als Archetyp der Gegenwart". Mit dem Verweis auf das „theatralische Arrangement seiner dressierten Ungeheuer" weist Werner außerdem auf die effektvolle und mitunter klischeehafte Seite der Arbeiten hin. Bei Wegewitz sieht Werner den Fokus der künstlerischen Arbeit vor allem auf dem Material und erkennt eine Verwandtschaft zur Arte Povera. Wegewitz stehe „mit Auge und Hand [...] in den Urwäldern Brasiliens". Damit charakterisiert Werner die Herangehensweise von Wegewitz an die indigenen Kulturen als den Versuch, zu begleiten und nachzuempfinden mit Hilfe von „Material einer ihm unbekannten Landschaft". Hier ist Werner nicht ganz präzise, da die Materialien bekanntermaßen aus der DDR stammen und die Vorstellungen von der „unbekannten Landschaft" nur imaginieren. Vermutlich in Anlehnung an die Vogel-Motive in ŭnâulŭtŭ, verweist Werner abschließend auf die hohe Frequentierung des Vogel-Motivs bei den Leipziger Künstlern, womit er vor allem Gil Schlesinger, Günther Huniat und Hans-Hendrik Grimmling gemeint haben kann.[236] Wenn Werner in diesem Zusammenhang schreibt, es werde „eine Anti-Schwerkraft gesucht, die Bleiben und Leben relativiert", so kann das als ein Hinweis auf die Lebensweisen der Künstler verstanden werden, die sich mit einem Projekt wie ŭnâulŭtŭ innerhalb der DDR Freiräume geschaffen haben.

236 Die Autobiografie von Hans-Hendrik Grimmling trägt den Untertitel „Die Umerziehung der Vögel" und erwähnt den Vogel als „Sinnbild nicht nur von Freiheit und Sehnsucht, auch von Selbständigkeit und Souveränität". Grimmling 2008, S. 126. (Dabei zitiert Grimmling ein mit ihm geführtes Gespräch aus den Weimarer Beiträgen, Heft 7, 1979).

In dem dritten Text, der die Produktion des Buches zum Thema macht, zitiert Werner aus der 1982 in Berlin (Ost) und Weimar erschienenen Erzählung „Pavlos Papierbuch“ von Franz Fühmann, welche in einem utopischen Szenario eine Zeit beschreibt, in der Papierbücher nur noch als Raritäten unter Verschluss existieren, um besonders auf die haptischen und akustischen Möglichkeiten des Mediums Buch aufmerksam zu machen.[237] Werner stellt den „Objektcharakter“ von ŭnaulŭtŭ als Besonderheit heraus, sowie die Tatsache, dass das Künstlerbuch nicht auf einer literarischen sondern einer bildlichen Vorlage beruht. Mit einem abschließenden Zitat von André Malraux (1901–1976) schlägt Werner eine Brücke zum Anfang des ersten Textes, in dem er auf die Bedeutung der künstlerischen Vergangenheit für die künstlerische Gegenwart hingewiesen hatte: „Wenn in der sinkenden Nacht Rembrandt noch seinen Zeichenstift führt, festigen alle erlauchten Schatten, selbst die der Maler der Höhlenbilder, seine zögernde Hand [...]“.

3.3.6 Die Marginalien Marquardts

Der Text des Verlegers Hans Marquardt (1920–2004)[238] nimmt gemäß der Titulierung eine marginale Position ein.[239] Alle anderen Texte, inklusive der Texte Klaus Werners, die – so könnte man meinen – vergleichbar mit dem Text von Marquardt einen Blick von außen auf das Künstlerbuch werfen, werden als konstituierende Teile der künstlerischen Produktion verstanden. Die Marginalien Marquardts hingegen sind in den Ost-Exemplaren und

237 Vgl. Fühmann 1982.

238 1948–52 Journalistik- und Germanistik-Studium in Leipzig; 1952 leitender Redakteur beim Allgemeinen Deutschen Nachrichtendienst (ADN); 1953–60 Cheflektor; 1961–87 Leiter des Verlags Philipp Reclam junior Leipzig; rege Herausgebertätigkeit, u. a. von grafischen Werken HAP Grieshabers, Josef Hegenbarths und Max Schwimmers; 1977 Gutenberg-Preis der Stadt Leipzig; 1970–89 als IM »Hans« des MfS erfasst; Veranstaltung von Kunstausstellungen innerhalb des KB, später der Kulturstiftung Rügen, deren Stellvertretender Vorsitzender er war. Müller-Enbergs/Wielgohs/Hoffmann 2000, S. 555.

239 Marquardt, Marginalien zum sechsten Druck der Dürer-Presse, ŭnaulŭtŭ, S. 21.

den Belegexemplaren auf eine Art im Buch positioniert, durch welche deutlich wird, dass die Dramaturgie des Buches auch ohne diesen Text funktionieren würde. Der Leser kann den Text sogar leicht überblättern: Schlägt er die Titelblatt-Seite einfach um, erscheint auf der Rückseite der „Autorentext" von Heinze und Wegewitz, will er jedoch die Randbemerkungen des Herausgebers lesen, so muss er dieses Blatt in seiner vollen Länge entfalten.[240]

Inhaltlich wird deutlich, dass Marquardts Text wie ein Vorwort nach Vollendung des Buches geschrieben worden ist und auf die Publikation einen zusammenfassenden Blick wirft. Marquardt spricht daher in verkürzter Form viele Themen noch einmal an, die bereits bei Klaus Werners Texten erschienen sind. Jedoch konzentriert sich Marquardt gemäß seiner Position als Verleger auf den buchkünstlerischen Aspekt des Buches und auf die enthaltenen Texte. Marquardt beginnt seine Ausführungen mit einer Passage zum Topos vom Ende des Papierbuches im Zusammenhang mit der von Marshall McLuhan prophezeiten „Medienrevolution"[241]. Wie Werner zitiert er aus Fühmanns Erzählung „Pavlos Papierbuch" die Beschreibung, wie Pavlo das erste Mal ein Papierbuch in der Hand hält.[242] Auch Marquardt

240 In den Exemplaren der Künstler ist der Text von Marquardt überhaupt nicht vorhanden. Frieder Heinze sagte dazu: „Wir wollten die Marginalien gar nicht so sehr". Gespräch vom 16.1.2012, Großpelsen. Die Belegexemplare und die Ost-Ausgaben enthalten den Verleger-Text wie beschrieben. In den West-Ausgaben ist Marquardts Text in normaler Abfolge anschließend an den Autorentext eingebunden.

241 Es kann angenommen werden, dass Marquardt sich auf das Buch „Die Gutenberg-Galaxis. Das Ende des Buchzeitalters" von Marshall McLuhan bezieht, das 1962 in der englischen Erstausgabe mit dem Titel „The Gutenberg Galaxy – the Making of Typographic Man" erschienen ist. Auf die Beliebtheit des Topos in der Forschung zu Buchwerken weist Franz Georg Kaltwasser hin. Akat. Papiergesänge, 1992, S. 7.

242 „Was ein Papierbuch war, begriff Pavlo, da er es in seinen Händen hielt. Daß man es anfassen konnte wie einen Leib! Er strich über den blaugrauen, geschmeidigen Einband; ihn schwindelte. – Das Buch lag, ein Wesen, in seinen Händen; er öffnete es, man konnte es auftun, die Hand spürte Widerstand und Ergebung...; die Seiten wölbten sich wie Hügel, in ihrer

verweist damit ganz grundsätzlich auf die haptischen und akustischen Qualitäten des Mediums, die der Rezipient eher unbewusst wahrnimmt, die bei einem Künstlerbuch wie ŭna͡ulŭtŭ́ jedoch durch die Gestaltung bewusst gemacht werden. „Für diesen oder jenen“, schreibt Marquardt, seien Künstlerbücher wie dieses, „keine Bücher, ebenso wie Jeans für Plenzdorfs Helden keine Hosen“, sondern „eine Einstellung“ seien. Mit diesem etwas unglücklichen Vergleich zu einer Aussage der Hauptfigur aus Ulrich Plenzdorfs „Die neuen Leiden des jungen W.“ von 1972, spricht Marquardt dem Künstlerbuch über den künstlerischen Wert hinaus auch einen bestimmten ideellen Wert zu.

In einer Betrachtung der Geschichte der Buchkunst im 20. Jahrhundert legt Marquardt den Fokus auf die Möglichkeiten des Rezipierens und unterscheidet bezüglich ihrer Rezeptionsform in Bücher „für Betrachter“ und solche „für Benutzer“. Unikate, wie sie in der Buchkunstbewegung des Jugendstils entstanden seien, würden nur „in den Vitrinen der Buchliebhaber ein wenig beachtetes Sonderdasein“ führen. Auf der anderen Seite sieht Marquardt die Entwicklung des Buchs zur Massenware und folgert, dass „jene Mitte der sechziger Jahre unter Künstlern und Wissenschaftlern einsetzende Reflexion über Struktur und Funktion des Buches, über seine Stellung innerhalb der Kultur“ nicht zuletzt daher rühren würde. Diese Entwicklung kulminiere in Buchobjekten, die nicht mehr gelesen werden müssten oder könnten, die demnach „wieder nur für Betrachter, nicht für Benutzer“ gemacht seien. Dem stellt Marquardt Künstlerbücher wie ŭna͡ulŭtŭ́ gegenüber, die sich – wenn auch in geringer Auflage – „als Multiples“ und damit „für Benutzer“ präsentieren würden. Bei ŭna͡ulŭtŭ́ würden die „visuell-haptischen Elemente“ zwar überwiegen, doch sei „erst das gesamte Buch […] die Botschaft“.

Mitte ein Schattental – Schatten auch von Pavlos Fingern..., man hörte die Blätter beim Hinfließen rauschen, ein Quell unversiegbar sich ergießender Zeit. – Er las noch nicht; er nahm nur hin, und dies tat er mit allen Sinnen.“ Fühmann 1982, S. 156.

Dass Marquardt besonders auf den „verbalen Inhalt" des Buches eingehen möchte, ist nicht verwunderlich. Mit der Ketschua-Lyrik, die Marquardt aus dem Repertoire der Veröffentlichungen des Reclam-Verlages bekannt war, und der Rede des nordamerikanischen Häuptlings Seattle, sind zwei der in ŭnaulŭtŭ enthaltenen Texte auf seine Anregung hin in das Künstlerbuch einbezogen worden. Im Gespräch beschrieb Wegewitz, mit welcher Begeisterung Marquardt ŭnaulŭtŭ aufgenommen hatte und sich inhaltlich beteiligen und dazu beisteuern wollte.[243] So lobt Marquardt nun in seinen Randbemerkungen die „Poesie" der Ketschua und die „Suggestivkraft" der Rede des Häuptlings Seattle. Marquardt verteidigt die in ihrer Authentizität sehr umstrittene Rede.[244] Gemäß der in der Rede fokussierten Vertreibung und Zerstörung der indigenen nordamerikanischen Völker durch europäische Siedler, beschreibt Marquardt auch die Kultur der südamerikanischen Karajá als eine vergangene Kultur, deren Riten und Gebräuche nach seinen Angaben heute nur noch im touristischen Rahmen zur Schau gestellt werden. Marquardt bezeichnet das Künstlerbuch als eine „Hommage auf die untergegangene Kultur der Naturvölker". Dabei ist hervorzuheben, dass seine Formulierung von der Wortwahl der Künstler im inneren Buchdeckel abweicht, die ŭnaulŭtŭ als „Hommage auf die Kultur eines Naturvolkes" bezeichnen. Marquardt fasst an dieser Stelle ganz explizit die Kulturen ganz verschiedener Völker zusammen. Zudem erweitern gerade die Text-Beiträge Marquardts das Spektrum der in ŭnaulŭtŭ vertretenen Kulturen stark. Durch die Bezeichnung „Naturvolk" und die durch ihn eingebrachten Texte wird außerdem deutlich, dass der ökologische Aspekt und die Charakterisierung der westlichen Welt als zerstörerisch und der indigenen Kulturen als friedlich und naturverbunden für Marquardt den inhaltlichen Fokus bildeten.

243 Gespräch mit Wegewitz am 17.1.2012, Huy-Neinstedt.

244 Vgl. Kapitel 3.3.4.

4 Zeugnisse indigener Völker als künstlerische Inspiration

Zeitgleich mit der Entstehung des Künstlerbuches ŭna͡ulŭtŭ, erreichte die Beschäftigung mit dem künstlerischen Konzept des „Primitivismus" eine neue Stufe. Die 1984 im New Yorker Museum of Modern Art ausgerichtete Ausstellung „‚Primitivism' in 20th Century Art. Affinities of the Tribal and the Modern" wird unbestritten als zentraler Punkt in der Primitivismus-Forschung angesehen.[245] William Rubin definiert den Begriff „Primitivismus" im zugehörigen Ausstellungskatalog als „die Anregung des Denkens und Schaffens moderner Künstler durch Kunst und Kultur der Naturvölker".[246] Schwerpunkt der Ausstellung war die formale Untersuchung von Werken der Klassischen Moderne und deren möglichen Vorbildern aus dem afrikanischen oder ozeanischen Raum, welche Anfang des 20. Jahrhunderts in den Völkerkundemuseen und privaten Sammlungen Europas zu sehen waren oder auch in den Ateliers der Künstler kursierten.

Die bisherige Forschung zusammenfassend, schreibt Judith Elisabeth Weiss in einer Veröffentlichung von 2007, Primitivismus werde „in der breiten Palette theoretischer Ansätze und Vorlieben ganz unterschiedlich als Produkt des Kolonialismus, als Projektion mit ideologischem Impetus, als Kopie oder als künstlerische Suche nach dem Elementaren fokussiert".[247] Die all diesen Aspekten der kunsthistorischen Betrachtung zugrundeliegen-

245 Siehe z. B. N'guessan 2002 S. 24; Flam/Deutch 2003, S. 17. Als Pionier der Primitivismus-Forschung gilt Robert John Goldwater. Zu nennen sind außerdem: Schmalenbach 1961 (mit einem Fokus auf Gauguin); Laude 1968; Wentinck 1974 (der vergleichbar mit Rubin eine Gegenüberstellung der ethnologischen Objekte sowie der sich darauf beziehenden Kunst liefert); Akat. Gauguin to Moore, 1982; Wegner 1983.

246 Rubin 1996b, S. 8.

247 Weiss 2007, S. 12. Zur Primitivismus-Forschung nach 1984 sind außerdem u. a. zu nennen: Hiller 1991, Rhodes 1994, Gombrich 2002, N'guessan 2002 (auch zum Begriff des „Exotismus"), Li 2006. Eine Zusammenstellung von thematisch relevanten Texten aus dem 20. Jahrhundert ist zu finden bei: Flam/Deutch 2003.

de künstlerische Auseinandersetzung mit dem kulturell Anderen, insbesondere mit außereuropäischen indigenen Kulturen, ist nicht ausschließlich ein Phänomen der Klassischen Moderne.[248] Im historischen Kontext der DDR steht diese künstlerische Ausrichtung darüber hinaus unter anderen Vorzeichen, als in der BRD. Es kann vermutet werden, dass die Lebenssituation in der DDR für den Reiz am Unerreichbaren und die in Verbindung mit indigenen Kulturen gehegte Vorstellung von Freiheit einen starken Nährboden bot. Darüber hinaus ist es in einem Land mit sehr geringem Ausländeranteil und stark eingeschränkten Reisemöglichkeiten nicht verwunderlich, wenn in diesem Zusammenhang stereotype Vorstellungen auf die Fremde projiziert worden sind.[249] Vor diesem Hintergrund ist nicht nur die Betrachtung von Kunstwerken wie ŭna͡ulŭtŭ́ interessant, sondern auch der Umgang der DDR mit einem künstlerischen Konzept wie dem Primitivismus. Nach einer Problematisierung der relevanten Begrifflichkeiten wird dieser Umgang daher im Folgenden anhand von Lexikon-Artikeln und der bezeichnenderweise einzigen großen Veröffentlichung zu diesem Thema in der DDR, dem Buch „Gegenwelten" von Karla Bilang, charakterisiert werden. Darüber hinaus soll skizziert werden, welche Rolle das Interesse an fremden Kulturen bei künstlerischen Positionen in der DDR und insbesondere im Werk von Frieder Heinze und Olaf Wegewitz spielt. In der Hoffnung die Besonderheiten von ŭna͡ulŭtŭ́ schärfer konturieren zu können, wird sich ein Vergleich mit Arbeiten

248 In der Primitivismus-Ausstellung von 1984 war bereits ein kleiner Teil der Ausstellung auch späteren Spielformen des Primitivismus gewidmet, die sich im Katalog in den zwei Artikeln „Abstrakter Expressionismus" und „Zeitgenössische Tendenzen" von Kirk Varnedoe widerspiegeln. Varnedoe 1996a und Varnedoe 1996b.

249 In der DDR waren lediglich 1% der Bevölkerung Ausländer. Christiane Griese und Helga Marburger kommen in ihrer Untersuchung zum Umgang mit Fremden und Fremdheit im didaktischen Konzept der Schulen in der DDR zu dem Schluss, dass der Kontakt zum Fremden schlichtweg nicht gewollt gewesen sei, da er das streng nach Freund und Feind unterscheidende Weltbild nicht hätte aufrechterhalten können. Das Fremde sei dort entweder „als gleicher Freund gemessen an eigenen Maßstäben bzw. als hassenswerter Feind" eingestuft worden, ohne Relativierungen zuzulassen. Griese/Marburger 1995, S. 196.

des 1944 geborenen Künstlers Lothar Baumgarten anschließen, der sich in Westdeutschland ungefähr zeitgleich mit südamerikanischen Völkern auseinandergesetzt hat. Der Vergleich ist nur exemplarischer Natur und kann nicht als grundlegende Studie zu künstlerischen Positionen des Primitivismus in der DDR und der BRD gelten. Er hat sich dennoch als ergiebig erwiesen, da die Herangehensweisen und Anknüpfungspunkte im künstlerischen Umgang mit den Zeugnissen indigener Völker bei Baumgarten sowie Heinze und Wegewitz erstaunliche Parallelen aufweisen. Die veränderten künstlerischen Strategien Baumgartens nach einer Reise zu den südamerikanischen Yanomami verdeutlichen außerdem im Kontrast die Situation jener zwei Künstler, die in der DDR lebten.

4.1 Zu den Begriffen „Primitivismus" und „Primitive Kunst"

Der Terminus „Primitivismus" geht auf die Bezeichnung indigener Völker als „Primitive" zurück. Dabei hat der Begriff „primitiv" in Sinn und Bewertung viele Umdeutungen erfahren.[250] Vor allem im Zuge der Popularisierung der darwinistischen Evolutionstheorie in der zweiten Hälfte des 19. Jahrhunderts erhielt der Begriff eine zunehmend pejorative Bedeutung im Sprachgebrauch der bürgerlichen Öffentlichkeit. Die Wertschätzung der Objekte indigener Kulturen durch die Künstler der Avantgarde hatte eine Umdeutung des Adjektivs in künstlerischen Kreisen zur Folge.[251] Es kann sogar vermutet werden, dass der Begriff gerade wegen der sonst negativen Konnotation für die Avantgardisten reizvoll war, um zu provozieren und die Umbewertung

250 Zur Geschichte des Begriffs „primitiv", siehe: Historisches Wörterbuch der Philosophie, 1989, S. 1315–1320; aktueller und aus ethnologischer Sicht: Kohl 2000, S. 20–25. Kohl weist darauf hin, dass „primitiv" vom Wortstamm her keinesfalls negativ konnotiert sei und andere aus dem lateinischen Wort „primus" gebildete Bezeichnungen wertneutral, häufig sogar positiv besetzt seien. Ebd. S. 20.

251 William Rubin schreibt, dass die Künstler Anfang des 20. Jahrhunderts die positive Konnotation bereits vertreten haben, bevor sie anthropologisches und kunsthistorisches Denken bestimmt habe. Rubin 1996b, S. 14.

der damit bezeichneten Objekte besonders zu unterstreichen.[252] Das ändert jedoch nichts daran, dass es sich bei den Formulierungen „primitive Kunst", „primitive Art", sowie den in Frankreich genutzten Bezeichnungen „Arts Premiers" und „Arts Primordiaux" um eurozentrische Begriffe handelt. Ihnen liegt eine Sichtweise zu Grunde, bei der für die bezeichneten Kulturen und analog dazu auch für die künstlerischen Äußerungen angenommen wurde, dass sie auf einer früheren Stufe der Menschheitsentwicklung stehengeblieben seien. Dabei sind die indigenen Kulturen als ahistorisch betrachtet worden.[253] In diesem Zusammenhang wurden künstlerische Äußerungen dieser Kulturen mit denen von Kindern und psychisch Kranken unter dem Aspekt der Ursprünglichkeit, im Sinne einer ungebildeten oder unverbildeten Kunstproduktion, zusammengefasst.[254] Vor allem in den 1970er und 80er Jahren zeigten sich in den westlichen Ländern Bemühungen, für die genannten Termini Alternativen zu finden, um den auf darwinistischen Sichtweisen beruhenden diskriminierenden und ethnozentrischen Beigeschmack zu vermei-

252 Selbiges postuliert Béchié Paul N'guessan in seinen Untersuchungen zu Primitivismus und Afrikanismus für den Begriff „Neger". Die Künstler hätten den Begriff „Neger" *gerade deshalb* besonders frequentiert, weil der Terminus für die bürgerlich-konservative Bevölkerung negativ konnotiert war. „Weil den ‚Negervölkern' bis zu dieser Zeit das ‚Kunst'-Schaffen abgesprochen wurde, konnten die Avantgardisten mit ‚Neger' ihre Oppositionshaltung zum Ausdruck bringen." Siehe N'guessan 2002, S. 19.

253 Vor allem die Ethnologie des 19. Jahrhunderts war geprägt von der evolutionistischen Suche nach den Ursprüngen der Menschheit und den Anfängen der Kunst. Beer/Fischer 2006, S. 222 weisen darauf hin, dass die Konstruktion einer einheitlichen „ursprünglichen" bzw. „primitiven" Kunst noch heute eine populäre Denkfigur ist. Sie problematisieren in ihrem Überblick außerdem den Umstand, dass aus der Vorstellung, die indigenen Kulturen seien besonders stark in der Tradition verhaftet, für ihre künstlerischen Äußerungen kaum Innovativität angenommen worden ist. Ebd., S. 224.

254 So z. B. bei Paul Klee. Vgl. dazu Jean Laude 1996, insb. S. 499. Zu den wichtigen zeitgenössischen Arbeiten in diesem Zusammenhang gehören v. a. die Publikation zu „Kinderzeichnungen bis zum 14. Lebensjahr. Mit Parallelen aus der Urgeschichte, Kulturgeschichte und Völkerkunde" von Siegfried Levinstein (Levinstein 1905) sowie die „Bildnerei der Geisteskranken" von Hans Prinzhorn (Prinzhorn 1922).

den.[255] Mit dem Hinweis auf fehlende Alternativen[256] nutzt William Rubin im Katalog der Primitivismus-Ausstellung von 1984 die Formulierung „Kunst der Naturvölker". Dabei ist der Terminus „Kunst der Naturvölker" in der Geschichte sowohl diskriminierend – nämlich im Gegensatz zum „Kulturvolk" – als auch idealisierend – im Sinne eines ökologischen Bewusstseins – verwendet worden.[257] Der Begriff „Stammeskunst" oder „tribal art", ist zum einen kritisiert worden, weil er im Englischen negativ konnotiert sei, und zum andern, da viele der betreffenden Völker im ethnologischen Sinne keine „Stämme" seien.[258] Der Mangel an einem politisch-korrekten Begriff für indigene Bevölkerungsgruppen hat in der Ethnologie viele alternativ verwendete Termini hervorgebracht, wie zum Beispiel „archaische Kulturen", „vorindustrielle Gesellschaften", „traditionelle Gesellschaften" oder „schriftlose Kulturen", die jedoch alle entweder faktisch nicht richtig sind oder auf ein bestimmtes Merkmal beschränkt und damit zu eng gefasst sind.[259] In politischen Zusammenhängen hat sich die Bezeichnung „indigene Völker" etabliert.[260]

255 Flam/Deutch 2003, S.xiii. Karla Bilang beschreibt in diesem Zusammenhang einen „neuen Grad an Bewusstsein und Verantwortung" durch den Zusammenbruch des Kolonialismus in den 50er und 60er Jahren. Bilang 1989, S. 296.

256 Rubin 1996b , S. 8, Fußnote 1.

257 Der Terminus „Naturvolk" wurde im Laufe des 19. Jahrhunderts komplementär zum „Kulturvolk", entsprechend dem Gegensatzpaar „Primitive" und „Zivilisierte" verwendet. Kohl 2000, S. 21.
Die im Rahmen der Ökologie-Bewegung erneute positive Bewertung des Begriffes vermittelt ebenso wenig ein der Realität entsprechendes Bild, da die damit bezeichneten Kulturen keinesfalls immer nach dem Prinzip der Nachhaltigkeit lebten und leben. So legen z. B. Forschungen bereits für Jahrhunderte vor Kolumbus in Nordamerika Wald-Rodungen in großen Ausmaßen oder auch die Ausrottung von Tieren durch Jagd nahe. Siehe dazu mit einer ausführlichen Besprechung des Begriffes und weiteren Literaturangaben. Ebd. S. 22f.

258 Ebd., S. 24.

259 Ebd., S. 24–26.

260 z. B. in der 2007 verabschiedeten „United Nations Declaration on the Rights of Indigenious Peoples", bzw. der „Erklärung der Vereinten Nationen über die Rechte der indigenen Völker". Im Wörterbuch der Völ-

Eine Sensibilisierung die Begrifflichkeiten betreffend bedeutet jedoch noch keinen Ausschluss ethnozentrischer Denkstrukturen. Die Problematik, dass die Ambitionen der Avantgarde, die Termini positiv umzubewerten, innerhalb eines europäischen Bewertungssystems stattfanden und einem sich zwar wandelnden, aber weiterhin europäischen Verständnis von Kunst unterlagen, hat bereits Anfang des Jahrhunderts und erneut im Anschluss an die New Yorker Primitivismus-Ausstellung 1984 heftige Debatten ausgelöst.[261] Einerseits wurde der relativistisch orientierten Kunstethnologie, die davon ausgeht, dass künstlerische Ausdrucksformen in unterschiedlichen Kulturen auch verschieden produziert, verwendet und angesehen werden, eine Degradierung der Objekte als Handwerk vorgeworfen. Andererseits warfen die Kunstethnologen ihren Gegnern vor, die Vielfalt der Kulturen auf eine europäische Vorstellung von Kunst zu reduzieren. Die Parteien beschuldigten sich gegenseitig aus unterschiedlichen Gründen kolonialer Vorgehensweisen. Angeregt durch die Primitivismus-Ausstellung 1984 hat sich die Debatte im Bereich des Ausstellungswesens fortgesetzt. Den Kuratoren William Rubin und Kirk Varnedoe warfen der Kunstkritiker Thomas McEvilley und der Anthropologe James Clifford vor allem vor, ihre westliche Weltsicht auf die ausgestellten Zeugnisse eben jener Kulturen zu übertragen, da sie die Objekte unabhängig von ihrem ursprünglichen Bedeutungszusammenhang in Vi-

kerkunde wird die Bezeichnung „indigene Völker" dem Sprachgebrauch von UNO und Menschenrechtsorganisationen zugeordnet. Wörterbuch der Völkerkunde, Berlin: Reimer, 1999, S. 184. Ströbele-Gregor bemerkt in einem Artikel zu indigenen Völkern in Lateinamerika, dass der Begriff „indigen" zwar aus paternalistischer Perspektive verwendet worden sei und auch heute von einigen Betroffenen abgelehnt werde, von anderen aber im Rahmen der Selbstdarstellung genutzt werde. „Wenn sich heute in der internationale[-n] Gemeinschaft der Begriff ‚indigen' durchgesetzt hat, dann ist dies der Versuch eine ‚neutrale' Bezeichnung für die einheimischen Völker Amerikas und auch der anderen Kontinente zu finden." Ströbele-Gregor 2004, S. 6. In der Forschungsliteratur zu Primitivismus in der Kunst wird der Begriff „indigen" z. B. genutzt bei: Flam/Deutch 2003. Diese Formulierung scheint am wenigsten belastet zu sein und findet daher Mangels besserer Alternativen in dieser Arbeit Verwendung.

261 Siehe dazu: Beer/Fischer 2006, S. 226f.

trinen ausstellten und sie als Kunst im europäischen Verständnis behandelten.[262] Rubin entgegnete, dass sich die vom ursprünglichen indigenen Kontext unabhängige Präsentation als Kunst aus dem in der Ausstellung behandelten Kontext ergebe, nämlich aus dem Umgang der europäischen Künstler des beginnenden 20. Jahrhunderts mit diesen Objekten.[263] Ähnlich argumentiert Rubin, wenn es um den Begriff „Primitivismus" geht, der ebenfalls oft als den indigenen Völkern gegenüber diskriminierend verstanden und vermieden worden ist, obwohl er ein historisches Denkkonstrukt, einen Ismus in der europäischen Kultur-

262 Die in der Zeitschrift *Artforum* geführte Debatte zwischen McEvilley und den Kuratoren Rubin und Varnedoe erstreckte sich über die Ausgaben vom November 1984, Februar 1985 sowie Mai 1985: McEvilley, Thomas: Doctor, Lawyer, Indian Chief: „Primitivism" in 20th Century Art' at the Museum of Modern Art in 1984, in: Artforum 23, Nr.3, Nov. 1984, S. 45–61 (in der deutschen Ausgabe: Doktor, Anwalt, Indianerhäuptling); Rubin, William/Varnedoe, Kirk/McEvilley, Thomas: Letters. On „Doctor, Lawyer, Indian Chief: ‚Primitivism' in 20th Century Art' at the Museum of Modern Art in 1984", in: Artforum 23, Nr. 5, Feb. 1985, S. 42–51; Rubin, William / McEvilley, Thomas: Letters. On „Doctor Lawyer Indian Chief": Part II, in: Artforum 23, Nr. 9, Mai 1985, S. 63–71. Ebenfalls Teil der Debatte sind ein Artikel Varnedoes in der Zeitschrift *Art in America*: On the Claims and Critics of the „Primitivism" Show, in: Art in America 73, Nr. 5, Mai 1985, S. 11–20 sowie ein späterer Artikel von James Clifford: Histories of the Tribal and the Modern, in: Ders.: The Predicant of Culture. Twentieth-Century Ethnography, Literature, and Art, Cambridge: Havard Univ. Press, 1988, S. 189–212. Auf den Artikel Cliffords reagiert Rubin im Vorwort zur zweiten Auflage des Primitivismus-Kataloges, das auch in späteren Auflagen abgedruckt wird, vgl. z. B.: Rubin 1996a. Die wichtigen Positionen der Debatte sind abgedruckt in: Flam/Deutch 2003.

263 „Our subject dealt with the reception among Western artists of *already decontextualized* tribal objects, and we intended that those objects would be understood as they had been, in effect, *recontextualized* within studios, lives, and art of Europeans who knew little or nothing about their original context." / „...we cannot accept, as Clifford confidently does, that knowledge of a work's cultural context [...] constitutes a *sine qua non* for its appreciation." Rubin vertrat außerdem die Ansicht, dass die Zeugnisse indigener Kulturen mit Recht als Kunst zu bezeichnen seien, wenn er schreibt: "it has been clear that one does not have to know what art is in order to make it." Rubin 1996a, S. III.

geschichte beschreibt.[264] Der Terminus ist u. a. kritisiert worden, weil er den künstlerischen Bezug zu verschiedensten außereuropäischen Kulturen verallgemeinernd zusammenfasst. N'guessan schlägt daher eine Konkretisierung mit Begriffen wie „Afrikanismus", „Orientalismus" oder „Japonismus" vor.[265]

4.2 „Primitive Kunst" und „Primitivismus" in der DDR

Der in ŭna͡ulŭtŭ́ befindliche Text des Kunsthistorikers Klaus Werner enthält einen Verweis auf die New Yorker Ausstellung, ein vergleichbarer Diskurs hat in der DDR jedoch wohl nicht stattgefunden. Karla Bilang setzte sich in ihrer – allerdings erst 1989 veröffentlichten – Dissertation und in daran anschließenden Untersuchungen mit den Debatten der amerikanischen und westeuropäischen Kunstgeschichte auseinander.[266] Bilang behandelte das Phänomen Primitivismus als Ausdruck einer Kapitalismus-Kritik. Sie schreibt: „Verbunden mit sozialistischen Ideen von der zu schaffenden klassenlosen Gesellschaft und im Zusammenhang mit dem betonten Streben nach Demokratisierung der Kultur wurde die Auseinandersetzung mit den urgesellschaftlichen und volkstümlichen Überlieferungen geradezu notwendig. Dabei vollzogen die Vertreter der Moderne den bewußten Bruch mit der Gesamtheit der bürgerlich-europäischen Traditionen und kritisierten das elitäre Bildungsgut, die kulturell untergeordnete Rolle der breiten proletarischen und bäuerlichen Schichten sowie die Unterdrückung der kulturellen Eigenstän-

264 William Rubin schreibt, der Begriff „Primitivismus" sei ethnozentrisch „und das mit Recht, da er sich nicht auf die Stammeskunst selbst bezieht, sondern auf das Interesse des Westens und seiner Reaktion auf sie." Rubin 1996, S. 13.

265 N'guessan 2002, S. 30.

266 Bilang hatte 1981 ihre Dissertation zur „Rezeption ozeanischer und afrikanischer Kunst in der Künstlergemeinschaft ‚Brücke'" abgeschlossen: Bilang 1981. Ein Artikel zum gleichen Thema erschien 1980 in der Zeitschrift „Bildende Kunst": Bilang 1980. Die Publikation „Gegenbild. Die Begegnung der Avantgarde mit dem Ursprünglichen" von 1989 ist nach der Wende auch in Stuttgart unter einem abgewandelten Titel veröffentlicht worden: Bilang 1989; Bilang 1990.

digkeit ganzer Völker und Erdteile durch den Kolonialismus."[267] Ganz in diesem Sinne schlägt sie den Begriff „präkapitalistische Kunst" als Alternative für den Terminus „primitive Kunst" vor.[268] Primitivismus wird nicht nur durch Karla Bilang als Phänomen des Kapitalismus beschrieben. In einem 1962 in Leipzig erschienenen Fremdwörterbuch wird eine Verortung des Primitivismus ausschließlich in kapitalistische Länder vorgenommen. „Primitivismus" wird dort definiert als eine „fortschrittsfeindliche künstlerische Richtung in kapitalistischen Ländern des 19. und 20. Jahrhunderts, die auf Kunstäußerungen der auf niedriger gesellschaftlicher Entwicklungsstufe stehenden Völker zurückgreift und sich dort neue Impulse verspricht"[269]. Das künstlerische Konzept sich an „niedriger [...] stehenden" Völkern zu orientieren, wird eindeutig nicht für erfolgversprechend gehalten. Auch der Artikel des 1968 bis 78 in Leipzig herausgegebenen Lexikons der Kunst beruht auf einer Vorstellung, die indigene außereuropäische Kulturen als in der Entwicklung zurück liegend beschreibt. Dort wird Primitivismus als eine „Haltung" definiert, „die durch den bewußten Rückgriff auf die Kunst der Naturvölker den verlorenen Kontakt zur zeitgenössischen Gesellschaft auszugleichen versucht".[270] Weiter heißt es, der Primitivismus habe „durch seine ‚barbarische' Formgebung kaum gesellschaftliche Resonanz [gefunden], v. a. dort nicht, wo man sie erhoffte: beim Volk". Dass der Primitivismus nicht vom Volk angenommen worden sei, konnte entsprechend der DDR-Ideologie nur eine Disqualifizierung dieser Herangehensweise bedeuten. Ebenso wird Primitivismus in Meyers Universal Lexikon, herausgegeben 1979 bis 81, der DDR-Ideologie gemäß als „Flucht

267 Bilang 1989 und Bilang 1990, S. 8.

268 Dabei versteht Bilang unter „präkapitalistischer Kunst" neben ozeanischer und afrikanischer Kunst auch altägyptische, vorderasiatische und orientalische sowie europäische Kunst bis zum frühen Mittelalter, Ikonenmalerei, Volkskunst und naive Malerei. Ebd., S. 8.

269 Erschienen beim Bibliographischen Institut Leipzig, zitiert nach: Rubin 1996b, S. 10.

270 Lexikon der Kunst, Bd. 3, 1975, s. v. „Primitivismus", S. 960.

vor der kapitalistischen Wirklichkeit“ gedeutet.[271] Der Primitivismus-Artikel im 1982 erschienenen Großen Fremdwörterbuch charakterisiert das Phänomen als eine „Modeerscheinung in der spätbürgerl. Kunst, die sich sowohl in spekulativer Hochschätzung kindlich naiver Laienmalerei als auch in gewolltem Archaismus äußert“.[272] Die Formulierung „spätbürgerlich“ kann ebenfalls als ein Hinweis auf eine kapitalistische Gesellschaft gelesen werden; in jedem Fall vermitteln die Formulierungen „Modeerscheinung“ und „spekulative Hochschätzung“ ein abschätziges Bild dieses künstlerischen Konzeptes. Einen Wandel in der Einschätzung dokumentiert die Neuauflage des Lexikons der Kunst, von dem die ersten Bände noch vor der Wende, weitere Bände jedoch danach erschienen sind. Primitivismus wird dort im entsprechenden Artikel von 1993 als „mißverständlicher, da oft wertend verstandener Begriff für eine Tendenz in der modernen Kunst“ beschrieben, „mit der sich Künstler am Beispiel urgesellschaftl., gentiler und von außereurop. Stammeskunst bestimmter Werte des Ursprünglichen, Elementaren oder kraftvoll Vitalen zu versichern und sich damit vom bestehenden Zustand in Kultur, Kunst und Gesellschaft abzugrenzen suchten“.[273] Der hier genutzte Begriff „Stammeskunst“ ist, anders als die in den Lexika der DDR verwendeten Termini, wertneutral. Der Artikel verweist auf eine „lange ‚Vorgeschichte‘ des Verstehens (oder Mißverstehens) des Fremden/Anderen“ und verbindet damit sowohl die Abwertung der fremden Kulturen als niedriger entwickelte, als auch ihre Idealisierung als ursprüngliche und natürliche Lebensformen.

Der nach der Wende erschienene Artikel hat mit den zuvor zitierten Äußerungen, trotz der unterschiedlichen ideologischen und ethnologischen Standpunkte, eine entscheidende Gemeinsamkeit im Verständnis des Primitivismus-Konzeptes: Die Hinwendung zu fremden Kulturen wird jeweils mit der Kritik an

271 Meyers Universal Lexikon, Bd. 3, 1980, s. v. „Primitivismus“, S. 477.

272 Großes Fremdwörterbuch, 1982, s. v. „Primitivismus“, S. 612.

273 Lexikon der Kunst, Bd. 5, 1993, s. v. „Primitivismus“, S. 745f.

der eigenen Lebenswirklichkeit in Verbindung gebracht; Primitivismus wird als gesellschaftskritisch verstanden.[274] Genau aus diesem Grund wird Primitivismus in der DDR als ein kapitalistisches Phänomen bzw. Problem abgetan und die Existenz ähnlicher künstlerischer Bestrebungen im Raum der DDR geleugnet. Tatsache ist hingegen, dass auch in der Gegenwartskunst der DDR Positionen vertreten waren, die in der Tradition des Primitivismus zu sehen sind.[275] Der Primitivismus gelangte schließlich auch durch die Beschäftigung mit der Avantgarde des beginnenden 20. Jahrhunderts in das Repertoire ostdeutscher Gegenwartskünstler.[276] Interessant ist, dass die Kunst der Klassischen Moderne sich vor allem an Afrika und Ozeanien, allenfalls Nordamerika orientierte, während der Fokus in der DDR vor allem auf Südamerika, dann aber auch auf Nordamerika lag. Vor allem unter Intellektuellen und Künstlern existierte eine Sympathie zu Südamerika, unabhängig von der durch die DDR-Regierung forcierten Solidarisierung mit den sozialistisch regierten Ländern.[277] Marcus Kenzler schreibt in seiner ausführlichen Arbeit

274 Béchié Paul N'guessan erkennt im Element der Gesellschaftskritik den Unterschied von Primitivismus zu Exotismus: „Der Exotist verfremdet und mythisiert das Fremde, weil er das Eigene nicht verfremden kann und will. Mythisierungstendenzen sind ebenfalls [...] im Primitivismus erkennbar. Der Primitivist jedoch stellt das Eigene in Frage bzw. distanziert sich davon. Er wendet sich dem Fremden bzw. Primitiven zu, um Mittel zur Erneuerung, Umgestaltung bzw. zum Transformieren des Eigenen zu finden. Der Primitivist wertet somit das Primitive bzw. Fremdkulturelle gegenüber dem Eigenen auf." N'guessan 2002, S. 30.

275 Ausführlich zu Einflüssen Lateinamerikas auf die Bildende Kunst in der DDR im Allgemeinen und die Orientierung an indigenen südamerikanischen Kulturen im Besonderen siehe: Kenzler 2012, insb. S. 433–448.

276 Die nur langsam erreichte Akzeptanz und Würdigung der Künstler der Klassischen Moderne durch die DDR-Kulturpolitik mag auch dazu beigetragen haben, dass ihre Kunst auf junge Künstler in der DDR einen besonderen Einfluss hatte. Zur Rezeption der Moderne in Kunst und Kunstwissenschaft der DDR siehe: Goeschen 2001.

277 Kenzler 2012, S. 194f. Kenzler bestätigt seine vorangestellte Annahme, „dass die künstlerischen Auseinandersetzungen mit Lateinamerika – ohne die Tatsache in Frage stellen zu wollen, dass ein beachtlicher Teil der auf Lateinamerika bezogenen Arbeiten auf der Grundlage eines ideologischen Postulats entstand – mitunter auch als äußerlich kaschierter Aus-

zu den Einflüssen Südamerikas auf die Bildende Kunst in der DDR, dass die Auseinandersetzung mit Lateinamerika mitunter als Kompensationsmöglichkeit für eine eingesperrte Nation gedient habe[278] und eine Form der inneren Emigration darstellen konnte[279], wobei die Künstler sehr unterschiedlich auf „Schrift-, Zeichen- und Symbolsprache der Hochkulturen, auf religiöse, kultische und folkloristische Artefakte, auf künstlerische und kulturelle Ausprägungen" rekurrierten und den Mythen und Legenden eine besondere Faszination entgegenbrächten.[280] In diesem Zusammenhang sollte auch Erwähnung finden, dass sich in der DDR gegen politische Widerstände ein regelrechter „Indianerkult" entwickelt hatte. In ihrer Untersuchung zum „Wilden Westen Ostdeutschlands" sprechen Friedrich von Borries und Jens-Uwe Fischer sogar von einem „Massenphänomen"[281], das sie zum einen auf den Gedanken von Freiheit und Abenteuer zurückführen, der sich mit dem „Wilden Westen" verbindet[282], zum anderen auf die Vorstellung vom „Reservat DDR", in der die indigenen Völker Nordamerikas als Leidensgenossen angesehen wurden[283]. Borries und Fischer beschreiben eine „Indianer-Szene", die sich einen kulturellen Freiraum schuf, letztendlich aber auch propagandistisch vereinnahmt worden ist.[284]

---

druck von Opposition und Nonkonformismus gegenüber dem SED-Regime zu bewerten ist". Ebd. S. 195.

278 Kenzler 2012, S. 200 und S. 510.

279 Kenzler 2012, S. 195. Außerdem S. 510f.: „Das exotische Paradies Lateinamerika […] erlaubte die Befreiung von den Bürden der Nachkriegsrealität – von der faschistischen Vergangenheit Deutschlands, von der Kriegsschuld und den traumatischen Erfahrungen des Zweiten Weltkrieges, von der Zeit der Isolation und der nationalen Abschottung gegen alles Internationale und von der Gegenwart der sozialistischen Gesellschaft mit ihren erneuten Restriktionen.".

280 Ebd., S. 440.

281 Borries/Fischer 2008, S. 8.

282 Ebd., S. 7.

283 Ebd., S. 9.

284 Um „Indianer" vom „imperialistischen Klassenfeind" Amerika abzugrenzen, mussten sie von offizieller Seite als „Opfer des US-Imperialismus"

Die verschiedenen Zugänge zu einem Interesse an indigenen Kulturen außereuropäischer Länder konnten demnach gleichermaßen eine gesellschaftskritische Komponente haben, die durch das DDR-Regime durchaus erkannt worden ist.

4.3 Rezeption indigener Kulturen im Werk von Lothar Baumgarten – ein Vergleich

Nur ein paar Jahre vor dem Erscheinen von ŭn͡aulŭtŭ́ war der westdeutsche Künstler Lothar Baumgarten nach Südamerika gereist.[285] Er lebte 1978/79 länger als ein Jahr[286] bei den halbsesshaften Yanomami am oberen Orinoco, hatte sich aber auch schon davor künstlerisch mit nord- und südamerikanischen indigenen Völkern auseinandergesetzt. Hans-Jürgen Lechtreck schätzt die Bedeutung des Aufenthalts bei den Yanomami für Baumgarten folgendermaßen ein: „Die existentielle Erfahrung [...] veränderte seine Sicht der Welt. In den seither entstandenen Werken wird das Fremde weniger über Referenzen und Analogien aufgerufen, als durch Namen, Texte, Fotografien, Hörstücke und Farben vergegenwärtigt [...]". Dagegen würden die früheren Arbeiten ein „imaginäres Südamerika" zeigen, „in das sich die Interessen, Wünsche und Sehnsüchte westlicher Entdecker, Eroberer und Forscher eingeschrieben haben".[287] Auch Konrad-Jürgen Zabel beschreibt in seiner Dissertation zu „Kunst und Ethnografie bei Lothar Baumgarten" die Arbeiten aus Baumgartens Frühwerk als „imaginäre Reisen", welche „die Begegnung des Menschen mit dem Anderen als existentielle Grunderfahrung

umgedeutet werden, bevor zum Beispiel die ideologisch-korrekten DEFA-Filme entstehen konnten. So zu lesen bei: Borries/Fischer 2008, S. 8.

285 In Rheinsberg 1944 geboren, hatte Baumgarten zwischen 1968 und 1972 an den Kunstakademien in Karlsruhe und Düsseldorf studiert. Seine erste Nordamerika-Reise fand 1975 statt, Reisen nach Venezuela folgten ab 1977. Siehe Zabel 2001, mit einer Kurz-Biografie Baumgartens auf S. 222.

286 Bei Zabel 2001, S. 66 heißt es 13 Monate; im Kurzführer, Abend der Zeit, 2011 werden 18 Monate aufgeführt.

287 Hans-Jürgen Lechtreck: Zur Ausstellung, in: Kurzführer, Abend der Zeit, 2011, o. P.

und unter historischem Aspekt" schildern.[288] Dabei konstruierte Baumgarten imaginierte fremde Welten, die er aber auch bewusst als solche kennzeichnete, und konfrontierte sie mit authentischen ethnografischen Quellen. „Zunächst – vor meinen Reisen – ", so berichtete Baumgarten selbst, „habe ich einen Film über Südamerika gemacht – in den Rheinauen bei Düsseldorf. Das war ein kompletter fake, da sah Grünkohl aus wie eine Urwaldlandschaft."[289] Baumgarten wendet hier eine ganz ähnliche künstlerische Strategie an wie Heinze und Wegewitz in ŭna͡ulŭtŭ́, die ebenfalls fiktive Elemente mit historischen Zeugnissen der Ethnografie verbinden und mit Birkenrinde aus der DDR den südamerikanischen Urwald assoziieren. Wie Baumgarten verleugnen auch Heinze und Wegewitz diese imaginäre Seite ihrer Arbeit nicht. So bezeichnet Wegewitz die Assemblage mit Schwirrholz, Flechtarbeit und Birkenrinde in der Mitte des Buches als eine „pseudo-ethnologische Sammlung".[290] Das imaginäre Südamerika habe „dann aber nicht gereicht", so Baumgarten. „Ich bin wirklich nach Venezuela gefahren, habe mich ganz in eine andere Kultur eingearbeitet und wurde dort in ein rituelles, mythisches System eingebunden, ein System einer schriftlosen, indianischen Kultur."[291] Ähnlich wie Fritz Krause 70 Jahre zuvor, hat auch Lothar Baumgarten das Leben eines indigenen Volkes begleitet und beobachtet, ähnlich wie Krause hat er mit seinem Notizblock und seinen Mitschriften das Interesse der Gastgeber hervorgerufen, die daraufhin versuchten die Schrift nachzuahmen und Bilder auf dem ungewohnten Material, auf Papier, zu zeichnen begannen. Ähnlich wie Frieder Heinze und Olaf Wegewitz stellte Baumgarten unter anderem diese Zeichnungen in eigene und neue künstlerische Zusammenhänge, die diese fremde Kultur für den Betrachter lebendig erfahrbar ma-

288 Zabel 2001, S. 187.

289 Diwo 1993, S. 347.

290 Gespräch am 29.8.2011, Huy-Neinstedt.

291 Ebd.

chen sollen.[292] Ein markanter Unterschied ist selbstverständlich der, dass Baumgarten die ethnologisch anmutenden Beobachtungen und die künstlerische Verarbeitung gleichermaßen eigenhändig durchführen konnte.

Das in zeitlicher Nähe zu ũnãulũtũ entstandene kleine Künstlerbuch „Tierra de los Perros Mudos" („Land der stummen Hunde") von 1985, das im Rahmen einer gleichnamigen Ausstellung im Amsterdamer Stedelijk Museum gemeinsam mit dem Typographen Walter Nikkels entstanden ist, vereint die unterschiedlichen Herangehensweisen des Künstlers vor und nach den Reisen.[293] Das Buch umfasst 20 Seiten und enthält 6 Farbaufnahmen, die Ergebnis der imaginären Reisen Baumgartens sind, 12 Schwarz-Weiß-Fotografien, die Baumgarten bei den Yanomami aufgenommen hat sowie einen Text von Alejo Carpentier aus dem Buch „Die verlorenen Spuren" („Los pasos perdidos", 1953), in dem dieser den südamerikanischen Dschungel als eine Welt des Scheins beschreibt.[294] Der imaginäre und der reale Teil von Baumgartens Auseinandersetzung mit Südamerika sind im Buch als Fotografien direkt miteinander konfrontiert. Zum Beispiel zeigt eine Farbaufnahme eine aus Farbpigmenten aufgeschichtete fragile Pyramide auf dunklem Waldboden und ist einer schwarz-weiß-Aufnahme gegenübergestellt, welche ei-

292 In einer großen Einzelausstellung im deutschen Raum zuletzt mit der Installation für das Folkwang-Museum in Essen: Lothar Baumgarten. Abend der Zeit – Señores Naturales. Yanomami, 26.11.2011–27.5.2012.

293 Lothar Baumgarten: Tierra de los Perros Mudos (veröffentlicht anlässlich einer Ausstellung im Stedelijk Museum, Amsterdam, 9.5.–23.6.1985), München: Schirmer, Mosel/Utrecht: Uitg. Impress, 1985.

294 Vgl. Carpentier 1982, S. 211f. Bezeichnenderweise war es Alejo Carpentier, der im Vorwort seines Romans „El reino de este mundo" (1949) das Konzept des „wunderbar Wirklichen" („Lo real maravilloso") entwarf. Vgl. Carpentier, 2004, S. 115–121. Das „wunderbar Wirkliche" kann als Motiv des „Magischen Realismus" („realismo mágico") verstanden werden, der dem Surrealismus nahe steht und die Verbindung von einer realen Wirklichkeit und einer magischen Realität als künstlerisches Ausdrucksmittel nutzt. Weiterführend zu Carpentier und der „Wunderbaren Wirklichkeit" insb. Armbruster 1982.

nen erlegten Tucan und einen toten Fisch neben einer Machete auf dem blutverschmierten Boden eines Einbaumes abbildet.[295] Jürgen-Konrad Zabel deutet die Schwarz-Weiß-Fotografie als ein Stillleben im Sinne des „memento mori"-Gedankens, das „eine Warnung vor dem Untergang der Amazonas-Indianer, der Tiere der Region und einer ökologischen Katastrophe durch die Vernichtung des Regenwaldes" darstelle. Dieser Themenkomplex kommt bei Baumgarten in einer symbolischen Bildsprache zum Ausdruck, wogegen er in ŭna͡ulŭtŭ́ vor allem konkret in den Texten thematisiert wird. Das Bild gemahnt, so schreibt Zabel weiter zu der fotografischen Doppelseite in Baumgartens Buch, „auch an die Vergänglichkeit aller Kulturen und im Hinblick auf die Pyramide, die mühsam aus Naturprodukten errichtet, durch eine leichte Regung der Natur wieder zerstört werden kann, an die Empfindlichkeit und Fragilität einer Konstruktion ‚Kultur' schlechthin."[296] Der Interpretation Zabels folgend, wird Kultur bei Baumgarten als etwas Wandelbares, Vergängliches beschrieben, das zur Identifikation eigentlich nicht taugt. Genauso wird bei Heinze und Wegewitz die „Abgrenzungsfunktion der Kulturen" in Frage gestellt. Baumgarten stellt dem Buch den Hinweis voran, dass es sich um einen „imaginäre[-n] Dialog" handele und scheint das Buch demnach als einen fiktiven Dialog zwischen dem Eigenen und dem Fremden zu verstehen, denn auf der einen Seite imitieren in der heimischen Landschaft oder im Atelier gemachte Bilder die Fremde und auf der anderen Seite sind Bilder in der Fremde mit ethnologischem Blick durch einen Europäer angefertigt worden. Es handelt sich um ein Changieren zwischen Schein und Sein. Wiederum zeigen sich erstaunliche Parallelen zu ŭna͡ulŭtŭ́, denn auch dort sind die Pole vom Eigenen und vom Fremden nicht klar zuzuordnen. So wie es Hans-Jürgen Lechtrek für Baumgartens Frühwerk formuliert hat, ist auch für ŭna͡ulŭtŭ́ zutreffend, dass sich in einen imaginären Dialog mit dem Fremden „die Interessen, Wünsche und Sehnsüch-

295 Baumgarten: Tierra de los Perros Mudos, 1985, o. P., auch abgedruckt bei Zabel 2001, Abb. 36 und 37.

296 Zabel 2001, S. 99.

te westlicher Entdecker, Eroberer und Forscher eingeschrieben haben".[297] In Baumgartens Frühwerk wie auch in ŭna͡ulŭtŭ̊ ist den Zeugnissen vom Fremden schon eine Annäherung durch das Eigene anzusehen und ist dem Eigenen der Versuch, fremd zu scheinen, immanent.

Die Elemente, die Lothar Baumgarten in sein Werk einbezieht, sind vielfältig: Fotografien, Tonaufnahmen, Texte, eingetauschte Objekte und gesammelte Materialien. Sie sind nun für den Künstler nicht mehr Teil einer ethnologischen Geschichte, sondern repräsentieren seine persönlichen Erfahrungen. Fraglos war dieser Schritt für Heinze und Wegewitz in der Entstehungszeit von ŭna͡ulŭtŭ̊ nicht möglich, so dass sie in einer „imaginären" Welt der indigenen Völker verblieben. Interessanterweise nutzte Baumgarten trotz veränderter Quellenlage bis heute inhaltlich ganz ähnliche Anknüpfungspunkte wie Heinze und Wegewitz in ŭna͡ulŭtŭ̊. Daher lässt sich an dieser Stelle das um die Erfahrung mit den Yanomami erweiterte spätere Werk Baumgartens am Beispiel der Raumgestaltung im Museum Folkwang von 2011/12 effektvoll mit ŭna͡ulŭtŭ̊ kontrastieren.[298] Ein Rundgang war mit Fotografien, Objekten, Texten und Zeichnungen bestückt, die von Baumgartens Aufenthalt bei den Yanomami Ende der 1970er Jahre stammten. Statt der originalen Tondokumente bei Baumgarten, auf denen in der Installation im Folkwang-Museum die Stimmen, Gesänge und Schreie der Yanomami, aber auch der nahende und dann alles überflutende Regen zu hören waren, legten Heinze und Wegewitz ein selbstgebautes Schwirrholz in das Künstlerbuch und präparierten den Buchdeckel so, dass er Regengeräusche hervorruft; statt originale Zeugnisse der Kulturen aus organischen Materialien einzubeziehen, sammelten Heinze und Wegewitz einheimische Materialien und stellten mit eigenen Händen Objekte her, von denen sie das Gefühl hatten, dass sie den Originalen nahe kommen, so wie das Schwirrholz

297 Zabel 2001, S. 99.

298 Lothar Baumgarten. Abend der Zeit – Senores Naturales. Yanomami, 26.11.2011–27.5.2012, Museum Folkwang, Essen. Vgl. dazu den Kurzführer, Abend der Zeit, 2011.

und die Flechtarbeit; statt eigene Beobachtungen weiterzugeben, stützten sie sich auf die Aufzeichnungen und Überlieferungen von anderen. Dass die Zeichnungen der Yanomami in der Folkwang-Installation von Baumgarten hinter Glas (im Rahmen und in der Vitrine) vorgeführt wurden, entspricht der Vergrößerung der Karajá-Zeichnungen in ŭnaulŭtŭ, da beide Ausstellungsformen das Bemühen der Künstler zum Ausdruck bringen, die Kunst der indigenen Völker als der europäischen Kunst gleichwertig zu präsentieren. Die von Baumgarten gewählte Präsentation der ethnologischen Objekte und der Zeichnungen der Yanomami in Vitrinen und Bilderrahmen ist eine der Institution Museum entsprechende Form der Darstellung. Mit den direkt an die Wand geklebten Fotografien, den im Farbton der Anatto-Samen gestrichenen Wänden, dem dunklen Raum mit Sitzgelegenheiten, in dem die Tonaufnahmen zu hören sind und den auf große Holztafeln gedruckten Texten spricht die Gestaltung alle Sinne der Betrachter an, liegt damit aber auch durchaus im Rahmen moderner Vermittlungsmethoden eines Museums.

Im Vergleich zur Ausstellung Baumgartens und zu seinem 1985 entstandenen Buch „Tierra de los Perros Mudos" wird noch einmal deutlich, weshalb ŭnaulŭtŭ als „Ausstellung in Buchform"[299] bezeichnet worden ist. Während Baumgartens 20 Seiten umfassendes Buch eine anspruchsvolle typografische Gestaltung aufweist, dabei aber von einem eher konventionellen Umgang mit dem Medium zeugt, spricht das Künstlerbuch ŭnaulŭtŭ mehrere Sinne an – vergleichbar mit den Darstellungsstrategien der Präsentation Baumgartens im Folkwang-Museum. Im Künstlertext empfehlen Heinze und Wegewitz das Buch ŭnaulŭtŭ als Anlass für Meditationen zu nutzen, insbesondere mit Hilfe der sogenannten „Spielelemente".[300] Der Rezipient soll mit dem Buch

299 Impressum, ŭnaulŭtŭ, S. 107; Maur 1992, S. 51.

300 „Meditationen, wie wir sie auch dem Betrachter anempfehlen, als zusätzlichen motorischen Anstoß auch das Spielmaterial im vorliegenden Buch." Heinze/Wegewitz, Autorentext, ŭnaulŭtŭ, S. 20.

umgehen, soll es anfassen, soll blättern und falten, soll es auseinander nehmen, soll es benutzen und dabei hören, sehen, fühlen und die Formsprachen auf sich wirken lassen.

5 Das Künstlerbuch ŭna͡ulŭtŭ – ein Fazit

Sowohl in den gestalterischen als auch den inhaltlichen Elementen ist das Künstlerbuch ŭna͡ulŭtŭ von einer ausgesprochenen Vielfalt gekennzeichnet.[301] Gestalterisch äußert sich diese Vielfalt in Bestandteilen, die nicht nur eine optische, sondern auch eine haptische und akustische Wahrnehmung des Buches implizieren. Die verschiedenen Papiere und Naturmaterialien haben eine haptische und akustische Qualität; die Reiskörner im Buchdeckel und das eingelegte Schwirrholz setzten besondere akustische Akzente. Das Buch, das im europäischen Kulturkreis das Medium der Wissensvermittlung darstellt und Autorität und Seriosität vermittelt, wird hier mit einer besonderen Spiel- und Experimentierfreude behandelt. Bei Karin von Maur heißt es, die „intellektuelle Lektüre" werde bei ŭna͡ulŭtŭ durch eine „sinnlich-körperliche Aneignung" ersetzt.[302] Gleichzeitig verweisen die Künstler auf die Bedeutung des Buches als Dokumentationsmedium, indem sie ganz im Sinne der Methode der Spurensicherung alle in der DDR zur Verfügung stehenden Drucktechniken sowie die verschiedensten erhältlichen Papiere verwenden und sich wissenschaftlicher Darstellungsformen bedienen, wie in dem als Herbarium angelegten Impressum und der als „pseudo-ethnologische Sammlung" bezeichneten Assemblage deutlich wird.

Die aus der Natur stammenden Materialien lassen sich im thematischen Zusammenhang des Künstlerbuches als empathische Verweise auf außereuropäische indigene Kulturen, auf „Naturvölker", so die Wortwahl der Künstler, interpretieren. Bezeichnend ist dabei, dass die selbst gesammelten Materialien nicht nur alle aus der DDR stammen, sondern auch, dass

301 Die Vielfältigkeit des Künstlerbuches ŭna͡ulŭtŭ scheint das Bedürfnis hervorzurufen, mit dem Topos vom Ende der Kunst (bei Werner) oder dem vom Ende des Papierbuches (bei Marquardt) eine Art Nullpunkt zu schaffen, vor dem ŭna͡ulŭtŭ in seiner ganzen Breite besonders wirkungsvoll dargestellt werden kann.

302 Maur 1992, S. 52.

die Herkunftsorte präzise ausgewiesen sind. Demnach geht es in ŭn͡aulŭtŭ́ ganz offensichtlich nicht darum, eine glaubhafte Illusion vom Fremden zu schaffen. Eine Dokumentation der Provenienz der in ŭn͡aulŭtŭ́ einbezogenen Elemente scheint für die Künstler von Bedeutung gewesen zu sein. So wie die Herkunft der Materialien eindeutig aufgezeigt ist, wird mit der Reproduktion der vollständigen Skizzenbuchseiten, inklusive der Notizen Fritz Krauses, der Überlieferungsweg sichtbar gemacht. Lajos Boglár, der bei den Karajá und den Piaroa gewesen war und den Heinze und Wegewitz persönlich kennengelernt hatten, fungierte darüber hinaus als Vermittler, der jene fremde und unerreichbare Welt für die Künstler greifbarer machte.

Die durch Marquardt angeregten Bestandteile des Buches verraten einen solchen – sicher unbewussten – Anspruch an authentische Überlieferung nicht. Auf Herkunft oder Übersetzung der Ketschua-Lyrik findet sich in ŭn͡aulŭtŭ́ kein Hinweis, ebenso wenig auf die wechselvolle Überlieferungsgeschichte der abgedruckten Variante der Rede des Häuptlings Seattle, die durch markante Interpretationsänderungen geprägt ist. Hinter Marquardts Formulierung, ŭn͡aulŭtŭ́ sei eine „Hommage an die verlorene Kultur der Naturvölker", steht eine universelle Vorstellung von indigener Kultur, die im Künstlerbuch vor allem durch die Hinzunahme der von Marquardt eingebrachten Texte vermittelt wird. Die Arbeitsweise von Heinze und Wegewitz war jedoch eine andere: Die künstlerische Inspiration durch die Karajá-Zeichnungen stellte den Ausgangspunkt für eine weiterführende Beschäftigung dar, anstatt – wie es die Beiträge von Marquardt nahelegen – von der Vorstellung einer universellen indigenen Kultur auszugehen und diese mit beliebigen Beispielen zu illustrieren.

Heinze und Wegewitz waren insbesondere davon fasziniert, dass die abstrakten Muster der Karajà eine zeichenhafte Funktion, einer Metapher vergleichbar, übernehmen konnten. Diese Faszination findet ihren Ausdruck sowohl in Heinzes Grafiken, deren flächig angelegte Figuren den Anschein erwecken ein Zeichensystem zu bilden, als auch bei den Arbeiten von Wegewitz, die ausgehend von einem konkreten Begriff aus der Sprache der Karajá durch einen Abstraktionsprozess entstanden sind. Die durch den Ethnologen Lajos Boglár nacherzählte Schöpfungsgeschichte der Piaroa fügt sich relativ gut in diese inhaltliche Ausrichtung, da die Karajá-Zeichnungen durch die Schöpfungsgeschichte eine inhaltliche Ergänzung erfahren, was die Thematisierung der gegenständlichen und der abstrakten Kunst betrifft. Erst die von Marquardt angeregten Bestandteile des Buches, die Ketschua-Lyrik und die Seattle-Rede, erweitern das Spektrum und verlagern den thematischen Schwerpunkt.

Der ökologische Themenkomplex in ŭnaulŭtŭ, der insbesondere durch die Rede Seattles vermittelt wird, scheint für Heinze und Wegewitz jedoch eine willkommene Ergänzung gewesen zu sein. Die in ŭnaulŭtŭ veröffentlichte Version der Seattle-Rede, in welcher der Häuptling seinem Unverständnis darüber Ausdruck gibt, dass der Mensch die Natur besitzen könne, entsprach der Vorstellung von der Naturverbundenheit indigener Völker, die im Künstlerbuch durch die Verwendung von Natur-Materialien greifbar gemacht und unterstützt wird. Auch der vielschichtig zu interpretierende Titel des Künstlerbuches „ŭnaulŭtŭ – Steinchen im Sand" enthält eine ökologische Idee, die den Menschen als eines unter vielen Wesen der Natur beschreibt und damit seine Herrscherposition in Frage stellt. Die im Zuge der ökologischen Bewegung betonte Vorstellung, dass indigene Völker stärker mit der Natur im Einklang leben, als eine industrialisierte und technisierte Gesellschaft wie die europäische, hat demnach auch in die Vorstellungswelt der beiden Künstler Eingang gefunden.

Die verschiedensten Zeugnisse indigener Kulturen verbinden sich in ŭnaulŭtŭ zu einem allgemeinen Bild vom Anderen und Fremden, das vor allem dadurch gekennzeichnet ist, dass es sich um ein der europäischen Welt gegenüber kulturell Anderes handelt. Unterstützt durch die Texte von Klaus Werner und die Marginalien Hans Marquardts wird insbesondere in den Ketschua-

Gedichten, in der Seattle-Rede und der Schöpfungsgeschichte der Piaroa die Abwertung, Diskriminierung und Zerstörung indigener Völker thematisiert und gleichzeitig ein Bewusstsein für den kolonialistischen Ursprung des Interesses an indigenen Völkern vermittelt. In der Seattle-Rede und der Ketschua-Lyrik ist die Darstellung besonders stark polarisiert und stellt den bösen, gierigen und zerstörerischen Weißen dem guten, friedvollen und naturverbundenen „Indianer" gegenüber.

In die Bildmotive der Künstler ist neben der Idee von einer unmittelbar erfahrbaren Kunst sowie der idealisierten Vorstellung von Naturnähe und Ursprünglichkeit indigener Völker auch eine eurozentrische Faszination vom Fremden eingeflossen. Damit steht ŭna͡ulŭtŭ́ inhaltlich ganz in der Tradition des Primitivismus der Klassischen Moderne. Andererseits grenzt sich Heinze teilweise von den Einstellungen der Avantgarde des frühen 20. Jahrhunderts ab, wenn er sagt, ŭna͡ulŭtŭ́ beschreibe „nicht die Suche nach Wurzeln, sondern das Gefühl fehlender Wege".[303] ŭna͡ulŭtŭ́ soll demnach keine rückwärtsgewandte Suche nach Ursprünglichkeit vermitteln, sondern als gegenwartsbezogene Beschäftigung mit außereuropäischen Ausdrucksformen verstanden werden und ist damit auch in Bezug zur Lebenswirklichkeit der Künstler zu setzen.

Die Vorstellung vom Buch als Wissensträger nährt im Bezug zum Herrschaftssystem der DDR die Idee vom Buch als Ort geistiger Freiheit und kritischer Ideen.[304] Unbestritten ist, dass die

303 Zitiert nach: Vogel, taz, 16.8.1986.

304 Karin von Maur schreibt, Künstlerbücher in der DDR würden sich „in besonderer Weise zur Reflektion ungewöhnlicher, kritischer und experimenteller Ansätze" eignen. Maur 1992, S. 50f. Ullrich Wallenburg wertet sie „als Seismographen gesellschaftlicher Zustände". Wallenburg 1992, S. 6. Christian Scheffler schreibt, das Künstlerbuch in der DDR sei „nicht zum ästhetischen Genuß von Bibliophilen gedacht, sondern war in bedrängnisvoller Lage aus existentieller Notwendigkeit erst einmal Mitteilung und eine experimentelle Form der Kommunikation von Gleichgesinnten." Scheffler 1997, S. 186. Ganz ähnlich sieht es Jens Henkel: „Das Künstlerbuch in der DDR ist somit nicht vordergründig als buchkünstle-

im Eigenverlag herausgebrachten Künstlerbücher in der DDR als solche eine Provokation darstellten, da sie die zentralistische Organisationsstruktur des Kulturbetriebs unterwanderten.[305] ŭna͡ulŭtŭ nimmt eine andere Stellung ein, da es in einem großen Verlag erschienen ist. Streitbar wurde es durch den Anspruch zweier unetablierter Künstler, ihre Kunst frei in die Öffentlichkeit zu tragen. ŭna͡ulŭtŭ ist kein Buch, das vorrangig eine Gegen-Haltung nach außen trägt, vielmehr erscheint es als ein Buch, das eine positive Position bezieht und – mit den Worten Jörg Sperlings gesprochen – „eine Behauptung des Möglichen vor Ort"[306] verkörpert.

Heinze stellt die Vorstellung von einer durch Innovation geprägten Entwicklung der Kunst in Frage, wenn er sagt, er empfinde, dass seit der Ur- und Frühgeschichte in der Kunst nichts Wesentliches dazugekommen sei, „weder an Ausdruck oder Realität, noch Sinngehalt oder Spiritualität"[307]. Bei der Beschäftigung mit den Forschungen Lajos Boglárs hat Wegewitz für sich die Hierarchisierung verschiedener Kulturen durch die Kennzeichnung einiger ausgewählter als „Hochkulturen" in Frage gestellt.[308] Beide Aussagen sind auch als Gegenpositionen zu der in der DDR gepflegten Idealisierung des sozialistischen Realismus zu verstehen. Die durch die Künstler intendierte Bereicherung der in der DDR praktizierten Kunst durch fremdes Formenvokabular in ŭna͡ulŭtŭ als „Antwort auf den Zerfall mitteleuropäischer Kul-

---

risch elitäres Experiment zu verstehen, sondern als eine – oft mit bescheidenen Mitteln vorgetragene – künstlerische Artikulation junger Literaten und Künstler, die sich als GEGEN-HALTUNG zur offiziellen Verlagspraxis verstand.", Henkel 1991, S. 10.

305 „Im Staat der DDR […] wurde das Künstlerbuch allein durch die Tatsache seines Vorhandenseins zum Ereignis und nahm oft provokativen Einfluß auf die literarische und künstlerische Entwicklung […] Henkel 1991, S. 9f. Ebenso bei Scheffler 1997, S. 182: „Diktaturen sind Privatpressen ein Dorn im Auge".

306 Sperling zu Künstlerbüchern in der DDR. Sperling 1992, S. 11.

307 Gespräch mit Heinze am 16.1.2012 in Großpelsen.

308 Gespräch mit Wegewitz am 29.8.2015 in Huy-Neinstedt.

tur", wertet bereits Marcus Kenzler als „Abkehr vom eigenen sozialistischen System".[309] ŭna͡ulŭtŭ̊, das Steinchen im Sand, ist ein Störfaktor in den engen Grenzen der Kunstproduktion der DDR. Durch die Auseinandersetzung mit dem Skizzenbuch von Krause, das die ornamentalen und die gegenständlichen Zeichnungen der Karajá enthält, wird in ŭna͡ulŭtŭ̊ die anhand von ethnologischen Objekten außereuropäischer indigener Völker geführte Diskussion um die ungegenständliche Kunst aufgegriffen, die durch die Avantgarde des beginnenden 20. Jahrhunderts geführt worden war. Die verwendeten Karajá-Zeichnungen, die aus dieser Zeit stammen, werden mit ŭna͡ulŭtŭ̊ in einer Zeit und einem politischen Umfeld aufgegriffen, in dem erneut um die Berechtigung der ungegenständlichen Kunst gerungen werden musste. Vor dem Hintergrund der Formalismus-Debatte hatten die künstlerischen Methoden des Primitivismus an neuer Aktualität gewonnen. Nicht ohne Grund ist Primitivismus als gesellschaftskritisch verstanden und in der DDR – um die Möglichkeit einer Kritik am politischen System der DDR zu leugnen – als kapitalistisches Phänomen bzw. Problem abgetan worden. Damit stellt ŭna͡ulŭtŭ̊ ein klares künstlerisches Statement im Diskurs um die „formalistische" Kunst in der DDR dar, welches das sonstige Engagement der Künstler nur fortschreibt. Die Mitgliedschaft in der Sektionsleitung des VBK, die Beteiligung an öffentlichen Diskussionen, der „1. Leipziger Herbstsalon" und auch das ŭna͡ulŭtŭ̊-Projekt waren Versuche der Künstler die vorhandenen Freiräume in der DDR auszureizen und – entgegen der Entwicklung einer Kunstszene im Untergrund – eine öffentliche Plattform für ihre Kunst zu schaffen. Das Paradoxon, dass Heinze und Wegewitz sich einerseits am „konterrevolutionären" Herbstsalon beteiligten und gleichzeitig bei einem offiziellen Verlag unter Vertrag standen und durch den Verkauf der halben Auflage an die Galerie Brusberg in Berlin West sogar mit dem Staatlichen Kunsthandel arbeiteten, war bezeichnend für ihre Situation. In der Darstellung dieser Zusammenhänge ist deutlich geworden, dass die Möglichkeit, ein originalgrafisches Künstlerbuch mit dieser thematischen Ausrichtung und einem derartigen Mate-

309 Kenzler 2012, S. 442f.

rialaufwand in relativ hoher Auflage bei einem offiziellen Verlag zu veröffentlichen, für zwei junge und im nonkonformen Bereich angesiedelte Künstler in der DDR außergewöhnlich war.[310] Dass ŭnaulŭtŭ trotz alledem erscheinen konnte, mag der künstlerischen Leiterin Friederike Pondelik, dem Verleger Hans Marquardt und letztendlich den Devisen durch den Vertrieb in der BRD zu verdanken sein. Mit dem ŭnaulŭtŭ-Projekt boten sich den Künstlern Chancen, die sie nicht für möglich gehalten hatten. ŭnaulŭtŭ war ein euphorisches Gemeinschaftsprojekt von Heinze und Wegewitz, das als ein Hauptwerk in ihrem Schaffen angesehen werden kann. Der Verleger Marquardt mag den inhaltlichen Fokus verschoben haben, doch Heinze und Wegewitz haben seine Anregungen gern aufgenommen. Den Künstlern war die Beteiligung eines begeisterten Mitstreiters recht, der auch nicht unwesentlich dazu beigetragen hat, dass diese Produktion überhaupt Realität geworden war. Insbesondere hat die Seattle-Rede auch nach dem ŭnaulŭtŭ-Projekt für das Werk von Wegewitz große Bedeutung erlangt. Neben den Autoren der verschiedenen Texte machten mehrere Tischler, Buchbinderinnen, Koloristinnen, Drucker, eine Typografin und viele andere Helfer das Künstlerbuch zu einem Gemeinschaftsprojekt. Im Autorentext schreiben Heinze und Wegewitz daher, dass sie das Buch auch deswegen „Steinchen im Sand" genannt haben, weil sie sich in dieser Buchproduktion als Teil eines Ganzen fühlten. Dieses Bild, das sowohl im Rahmen des Künstlerbuchprojektes, als auch in globalen Zusammenhängen Geltung beansprucht, kennzeichnete damit einen, wie es Karin Maur formuliert, „Ausweg ‚im Geiste' aus den beklemmenden und bedrängenden Verhältnissen im eigenen Land".[311] Frieder Heinze und Olaf Wegewitz schienen die im ŭnaulŭtŭ-Projekt begründete Gemeinschafts-Euphorie auf die ganze Welt übertragen zu wollen. Und damit war ŭnaulŭtŭ auch grenzübergreifend.

310 Bemerkenswert ist dabei aber auch, dass zur gleichen Zeit in der BRD ein Projekt wie dieses wohl unbezahlbar und nicht durchführbar gewesen wäre.

311 Maur 1992, S. 52.

Anhang

I Das Inhaltsverzeichnis in ŭna͡ulŭtŭ

In allen Exemplaren von ŭna͡ulŭtŭ befindet sich auf S. 18 ein gleichlautendes Inhaltsverzeichnis. Der in den West-Exemplaren befindliche „Arbeitsbericht" ist im Inhaltsverzeichnis jedoch nicht aufgeführt. Außerdem stimmt die tatsächliche Reihenfolge der Grafiken in einigen Fällen nicht mit dem Inhaltsverzeichnis überein. Das kann zum einen auf vereinzelte Versehen in der Produktion zurückgeführt werden. Zum anderen ist es möglich, dass ein Nutzer die herausnehmbaren Grafiken in veränderter Reihenfolge wieder eingefügt hat. Zudem befindet sich in allen Exemplaren die für S. 69 ausgewiesene Grafik „Kopf I" stattdessen auf S. 48; auf S. 69 befindet sich dagegen eine nicht ausgewiesene Lithografie von Olaf Wegewitz.

Linke Bindung
1. BLOCK:
1 „Gestürzt – Gefangen", Heinze 1983, handkolorierte Radierung
2 „Labyrinth, zerstört", Wegewitz 1983, handkolorierte Radierung
3 „Labyrinth", Heinze 1983, handkolorierte Radierung; beides Druck Rössler
4 „Paar", Heinze 1984, Lithografie; Druck: Günther

2. BLOCK:
5 „12/4/84", Wegewitz 1984, Radierung; Druck: Hanske
6 „Stille", Heinze 1984, Farbzinklithografie; Druck: Günther
7 „15/4/84", Wegewitz 1984, Radierung; Druck: Rössler

3. BLOCK:
8 bis 9 „Grünschnabel", Heinze/Wegewitz 1985, Siebdruck auf Seidenpapier, beidseitig; Druck: Tauer

4. BLOCK:
10 „Kajapo“, Karaja-Zeichnung, Farboffset
11 „24/2/84“, Wegewitz 1984, Farbzinklithogafie; Druck: Günther
12 „Vogel“, Karaja-Zeichnung, Farboffset

5. BLOCK:
13 „Tanz“, Heinze 1984, Holzschnitt auf Seidenpapier, Druck: OAN
14 „15/8/84“, Wegewitz 1984, Holzschnitt auf Seidenpapier, Druck: OAN
15 „16/8/84“, Wegewitz 1984, Holzschnitt auf Seidenpapier, Druck: OAN
16 „Mythos“, Heinze 1984, Holzschnitt auf Seidenpapier, Druck OAN

6. BLOCK:
17 „Blätterhilfe/Buchkonstruktion“, Heinze/Wegewitz 1984, Farbzinklithografie; Druck: Günther
18 Inhalt linke Bindung, Inhalt mittlere Bindung, Inhalt rechte Bindung; Buchdruck

Ende der linken Bindung, Beginn der mittleren Bindung

7. BLOCK:
19 Titelseite
20 Autorentext
21 Marginalien zum Sechsten Druck der Dürerpresse
22 Inhalt rechte Bindung

8. BLOCK:
23 „Dämonen“, Heinze 1984, Radierung; Druck: Rössler
24 „Schwarzer Leopard“, Heinze/Wegewitz 1984, Farbzinklithografie; Druck: Günther
25 „Mensch und Tier“, Heinze 1984, Radierung; Druck: Rössler

9. BLOCK:
26 „24/4/84“, Wegewitz 1984, Siebdruck; Druck: Tauer

27 „Fisch“, Heinze/Wegewitz 1984, Siebdruck; Druck: Tauer
28 „25/4/84“, Wegewitz 1984, Siebdruck; Druck: Tauer

10. BLOCK:
29 „Beschwörung“, Heinze 1984, Holzschnitt; Druck: Heinze

11. BLOCK:
30 Text Klaus Werner, erster Teil, 1984, Burchdruck
31 bis 32 Text Boglár, Buchdruck
33 „3/8/84“, Wegewitz 1984, Holzschnitt; Druck: OAN

12. BLOCK:
34 „Schenkel und Körperseiten“, Karaja-Zeichnung, Farboffset
35 „Tierwelt“, Heinze 1984, Siebdruck; Druck: Tauer
36 „Karaja-Dorf 13“, Karaja-Zeichnung, Farboffset

13. BLOCK:
37 „15/12/84“, Wegewitz 1984, Radierung; Druck: Hanske
38 „Ausgeweidet“, Heinze/Wegewitz 1984, Irisdruck von Zinkplatte; Druck Günther
39 „Am Waldrand“, Heinze 1984, Lithografie; Druck: Günther

14. BLOCK:
40 „Gewehr“, Karaja-Zeichnung, Farboffset
41 „Herbstsalon“, Wegewitz 1984, Originalzeichnung, Tusche, Farbstoff, Graphit
42 „Pirauya“, Karaja-Zeichnung, Farboffset

15. BLOCK:
43 „3/9/84“, Wegewitz 1984, Holzschnitt; Druck: OAN
44 „Fetische“, Heinze 1984, Holzschnitt; Druck: OAN
45 „4/9/84“, Wegewitz 1984, Holzschnitt; Druck: OAN

16. BLOCK:
46 „Fledermaus“, Karaja-Zeichnung, Farboffset
47 „Tier-Maske“, Karaja-Zeichnung, Farboffset
48 vakat

17. BLOCK:
49 „Begegnung“, Heinze 1983, Farbzinklithografie; Druck: Günther
50 „16/10/83“, Wegewitz 1983, Farbzinklithografie; Druck: Günther
51 „Kampf“, Heinze 1984, Lithografie; Druck: Günther

18. BLOCK:
52 Text Klaus Werner, zweiter Teil, 1984, Buchdruck
53 „Im Wald“, Heinze 1984, Siebdruck; Druck: Tauer
54 Ketschua-Lyrik

19. BLOCK:
55 „Zeichen“, Heinze/Wegewitz 1984, Schablonenzeichnung, einkaschiertes Garn

20. BLOCK:
56 „Traum“, Heinze 1984, Holzschnitt, Druck: OAN
57 „23/10/84, Wegewitz 1984, Holzschnitt; Druck OAN
58 „Aggression“, Heinze 1984, Holzschnitt; Druck: OAN

21. BLOCK:
59 Ketschua-Lyrik
60 „Kulturvergleich I“, Heinze/Wegewitz 1984, Palmblattflechtarbeit, Schwirrholz, Birkenrinde, Papiercollage
61 „29/11/84“, Wegewitz 1984, Lithografie; Druck: Günther

22. BLOCK:
62 „30/1/83“, Wegewitz 1983, Holzschnitt; Druck: Wegewitz

23. BLOCK:
63 „Unhold“, Heinze 1983, Lithografie; Druck: Günther
64 „Flucht“, Heinze 1984, Siebdruck; Druck: Tauer
65 „Fruchtbarkeit“, Heinze 1983, Lithografie; Druck: Günther

24. BLOCK:
66 „Schiatamütze“, Karaja-Zeichnung, Farboffset

67 „a) Kinder; b) Keule; c) Ladeni; d) Ich“, Karaja-Zeichnungen, Farboffset
68 „1. 2.“, Karaja-Zeichnung, Farboffset

25. BLOCK:
69 „Kopf I“, Wegewitz 1984, Siebdruck; Druck: Tauer
70 „Flugzeichen“, Heinze 1984, Pinselzeichnung, Tusche, Wachs, Kasein
71 „Kopf II“, Wegewitz 1985, Lithografie; Druck: Günther

26. BLOCK:
72 „Korbflechtmuster“, Karaja-Zeichnung, Farboffset
73 bis 74 Rede des Häuptlings Seattle, Buchdruck
75 „a) Karajadorf; b) Jüngling“, Karaja-Zeichnungen, Farboffset

27. BLOCK:
76 „8/6/84“, Wegewitz 1984, Holzschnitt, beidseitig; Druck: OAN
77 „Nacht“, Heinze 1984, Holzschnitt, beidseitig; Druck: OAN

28. BLOCK:
78 „(+ 0) rot“, Karaja-Zeichnung, Farboffset
79 „von hier aus“, Karaja-Zeichnung, Farboffset
80 „Gabelung“, Karaja-Zeichnung, Farboffset

29. BLOCK:
81 „Weibliche Scham“, Karaja-Zeichnung, Farboffset
82 „Wetterleuchten“, Heinze 1983, Farbzinklithografie; Druck: Günther
83 „41“, Karaja-Zeichnung, Farboffset

30. BLOCK:
84 „Schwarz des Nasenbären“, Karaja-Zeichnung, Farboffset
85 „unaulutu – Steinchen im Sand“, Karaja-Zeichnung, Farboffset
86 „a) blau; b) Capt Carete“, Karaja-Zeichnungen, Farboffset

31. BLOCK:
87 „Wanderung“, Heinze 1983, Lithografie; Druck: Günther
88 „Jagd“, Heinze 1983, Farbzinklithografie; Druck: Günther
89 „27/6/84“, Wegewitz 1984, Lithografie; Druck: Günther

Ende der mittleren Bindung, Beginn der rechten Bindung

32. BLOCK:
90 Text Klaus Werner, dritter Teil, 1984, Buchdruck
91 „27/2/84“, Wegewitz 1984, Siebdruck; Druck: Tauer
92 Ketschua-Lyrik

33. BLOCK:
93 „Kopf III“, Wegewitz 1984, Farbzinklithografie; Druck: Günther
94 „Bedrohung“, Heinze 1984, Farbzinklithografie; Druck: Günther
95 „Dreizehn bei Nacht“, Heinze 1983, Farbzinklithografie; Druck: Günther
96 „Kopf IV“, Wegewitz 1984, Farbzinklithografie; Druck: Günther

34. BLOCK:
97 „12/10/84“, Wegewitz 1984, Holzschnitt; Druck: OAN
98 „Kuh“, Wegewitz 1984, Holzschnitt; Druck: OAN
99 „13/10/84“, Wegewitz 1984, Holzschnitt; Druck: OAN

35. BLOCK:
100 Ketschua-Lyrik
101 bis 102 „Indianerlandschaft“, Heinze/Wegewitz 1984, Farbzinklithografie; Druck: Günther
103 „13/7/84“, Wegewitz 1984, Siebdruck; Druck: Tauer

36. BLOCK:
104 „Sterne“, Heinze 1983, Lithografie; Druck: Günther
105 „Kulturvergleich II“, hand-made-paper aus Brennesseln und Pflaumenbaumrindenbast, Amatel, Wegewitz 1984; Papiercollage „Kreuzung“, Heinze 1984, signiert

106 „Korb“, Wegewitz 1983, Farbzinklithografie; Druck: Günther

37. BLOCK:
107 bis 108 „Impressum“, Buchdruck

II Die Karajá-Begriffe in der Entwurfsfassung des Künstlerbuches ŭna͡ulŭtŭ́

Die Entwurfsfassung des Künstlerbuches, die sich bei Olaf Wegewitz befindet, entspricht bezüglich Format, Bindung und Materialien der veröffentlichten Fassung. Sie beinhaltet Fotografien der Karajá-Zeichnungen aus dem Skizzenbuch Fritz Krauses sowie farbige Entwurfszeichnungen von Heinze und Wegewitz. Die Anordnung der Texte ist handschriftlich vermerkt. Unter den Entwürfen von Olaf Wegewitz sind neben dem Entstehungsdatum einzelne Begriffe der Karajá-Sprache notiert, die aus der Expeditions-Publikation von Fritz Krause stammen.

Die folgende Tabelle verzeichnet jeweils die Grafik, den zum Entwurf notierten Karajá-Begriff und dessen Übersetzung durch Fritz Krause sowie die Tafelnummer, unter der die Grafik in der vorliegenden Arbeit zu finden ist.

<table>
<tr><th>Künstler, Titel, Technik, Datierung</th><th colspan="2">Zum Entwurf notierte Karajá-Begriffe</th><th>Übersetzung durch Fritz Krause</th><th>Tafel</th></tr>
<tr><td>Heinze, Labyrinth / Wegewitz, Labyrinth zerstört, Radierung, 1983, ŭna͡ulŭtŭ́, S. 2/3</td><td colspan="2">---</td><td>---</td><td>4-a</td></tr>
<tr><td rowspan="2">Wegewitz, 12/4/84, Radierung, ŭna͡ulŭtŭ́, S. 5</td><td rowspan="2">(2) ka͡ŭōlŏ́ hā̆ā̆́</td><td>ka͡ŭōlŏ́</td><td>Holz, Baum
(Krause 1911b, S. 430)</td><td rowspan="2">4-b</td></tr>
<tr><td>hā̆ā̆́</td><td>Brennholz
(Krause 1911b, S. 439)</td></tr>
<tr><td>Wegewitz, 15/4/84, Radierung, ŭna͡ulŭtŭ́, S. 7</td><td>(3) ŏlĭ́ asonĕ</td><td></td><td>?</td><td>---</td></tr>
</table>

Wegewitz, 24/2/84, Farbzinklithografie, ŭn͡aulŭtŭ́, S. 11	---		---	7-a
Wegewitz, 15/8/84, Holzschnitt, ŭn͡aulŭtŭ́, S. 14	(5 und 6) kăpĭtā́ kāĭ-tatĕ		Bist du der Häuptling? (Krause 1911b, S. 452)	30, m. m.
Wegewitz, 16/8/84, Holzschnitt, ŭn͡aulŭtŭ́, S. 15	---		---	30, m. m.
Wegewitz, 24/4/84, Siebdruck, ŭn͡aulŭtŭ́, S. 26	(8) ī-ḷūā́ warakureϑä	ī-ḷūā́	Auge (Krause 1911b, S. 416)	8-b
		warakureϑä	Diadem (Krause 1911b, S. 434)	
Wegewitz, Fisch, Siebdruck, ŭn͡aulŭtŭ́, S. 27	kădōlắ		Fisch (Krause 1911b, S. 426)	29, r. o.
Wegewitz, 25/4/84, Siebdruck, ŭn͡aulŭtŭ́, S. 28	(10) igu iliole?		?	9-a
Wegewitz, 3/8/84, Holzschnitt, ŭn͡aulŭtŭ́, S. 33	(11) nōŏdăkắn		Penisschnur (Krause 1911b, S. 433)	10-a
Wegewitz, 15/12/84, Radierung, ŭn͡aulŭtŭ́, S. 37	(12) kōḷŭ́		Zauberarzt (Krause 1911b, S. 433)	11-a
Wegewitz, Herbstsalon, 1984 Zeichnung, ŭn͡aulŭtŭ́, S. 41	(13) kŏbŏ́		Windwellen auf Wasser (Krause 1911b, S. 422)	29, m. o.
Wegewitz, 3/9/84, Holzschnitt, ŭn͡aulŭtŭ́, S. 43	(14) wōuḷắ		Trockenzeit (Krause 1911b, S. 422)	12-a
Wegewitz, 4/9/84, Holzschnitt, ŭn͡aulŭtŭ́, S. 45	(15) biŭ́		Regen / Regenzeit (Krause 1911b, S. 422)	12-b

<table>
<tr><td>Wegewitz, 16/10/83, Farbzinklithografie, ŭna͡ulŭtŭ́, S. 50</td><td>tjūŭ́ dō̱dĕkĕ́ tĕdĕ́</td><td></td><td>Die Sonne ist sehr heiß
(Krause 1911b, S. 452)</td><td>28, r. u.</td></tr>
<tr><td rowspan="2">Wegewitz, 23/10/84, Holzschnitt, ŭna͡ulŭtŭ́, S. 57</td><td rowspan="2">(17) ībŭdĕ mănā ŭḷắ</td><td>ībŭdĕ</td><td>wenig
(Krause 1911b, S. 448)</td><td rowspan="2">30, l. o.</td></tr>
<tr><td>mănā-ŭlắ</td><td>weiße Erde
(Krause 1911b, S. 444)</td></tr>
<tr><td>Wegewitz, 29/11/84, Lithografie, ŭna͡ulŭtŭ́, S. 61</td><td>(18) mănādērḛ̆zo</td><td></td><td>Bergkristall
(Krause 1911b, S. 423)</td><td>---</td></tr>
<tr><td rowspan="2">Wegewitz, Kopf I, 1984, Siebdruck, ŭna͡ulŭtŭ́ (Entgegen der Angabe im Inhaltsverzeichnis befindet sich die Grafik nicht auf S. 69, sondern auf S. 48)</td><td rowspan="2">(20) wa͡idīō īkŏḷŏdīšī́</td><td>wa͡idīō</td><td>Sohn
(Krause 1911b, S. 431)</td><td rowspan="2">14</td></tr>
<tr><td>īkŏḷŏdīšī́</td><td>Grasblüte
(Krause 1911b, S. 431)</td></tr>
<tr><td rowspan="2">Wegewitz, Kopf II, 1985, Lithografie, ŭna͡ulŭtŭ́, S. 71</td><td rowspan="2">wa͡idīō hēdŏhŏ́</td><td>wa͡idīō</td><td>Sohn
(Krause 1911b, S. 431)</td><td rowspan="2">19-b</td></tr>
<tr><td>hēdŏhŏ́</td><td>weißer Pilz
(Krause 1911b, S. 431)</td></tr>
<tr><td>Wegewitz, 8/6/84, Holzschnitt, ŭna͡ulŭtŭ́, S. 76</td><td>(22) kōōdī́</td><td></td><td>gelbes, weiches Harz
(Krause 1911b, S. 430)</td><td>30, r. o.</td></tr>
<tr><td>Wegewitz, 27/6/84, Lithografie, ŭna͡ulŭtŭ́, S. 89</td><td>(23) kŏdŭrŭ ībi</td><td></td><td>?</td><td>---</td></tr>
<tr><td>Wegewitz, 27/2/84, Siebdruck, ŭna͡ulŭtŭ́, S. 91</td><td>(31) lēšīwīŭlắn</td><td></td><td>Sternschnuppe
(Krause 1911b, S. 421)</td><td>21-a</td></tr>
</table>

<table>
<tr><td>Wegewitz, Kopf III, 1984, Farbzinklithografie, ŭn͡aulŭtŭ́, S. 93</td><td>(30) nŏhŏdē-wŏ́</td><td></td><td>Ohrloch

(Krause 1911b, S. 417)</td><td>21-b</td></tr>
<tr><td>Wegewitz, Kopf IV, 1984, Farbzinklithografie, ŭn͡aulŭtŭ́, S. 96</td><td>(29) ŭn͡aulŭtŭ́</td><td></td><td>Steinchen im Sand

(Krause 1911b, S. 423)</td><td>23-a</td></tr>
<tr><td>Wegewitz, 12/10/84, 1984, Holzschnitt, ŭn͡aulŭtŭ́, S. 97</td><td>kūŏḷūnī́</td><td></td><td>Regenzauber, Doppelrute

(Krause 1911b, S. 447)</td><td>23-a</td></tr>
<tr><td>Wegewitz, Kuh, 1984, Holzschnitt, ŭn͡aulŭtŭ́, S. 98</td><td>---</td><td></td><td>---</td><td>23-b</td></tr>
<tr><td rowspan="2">Wegewitz, 13/10/84, Holzschnitt, ŭn͡aulŭtŭ́, S. 99</td><td rowspan="2">(27) bēdī́ tăbōlắ</td><td>bēdī́</td><td>Biene

(Krause 1911b, S. 428)</td><td rowspan="2">23-b</td></tr>
<tr><td>tăbōlắ</td><td>Wachs

(Krause 1911b, S. 428)</td></tr>
<tr><td>Wegewitz, Korb, 1983, Farbzinklithografie, ŭn͡aulŭtŭ́, S. 106</td><td>(24) ĭdjā̰ŏ́</td><td></td><td>Häuptling

(Krause 1911b, S. 432)</td><td>26</td></tr>
<tr><td>Heinze/Wegewitz, Indianerlandschaft, 1984, Farbzinklithografie, ŭn͡aulŭtŭ́, S. 101/102</td><td>(26) hōŏ́</td><td></td><td>coitieren

(Krause 1911b, S. 451)</td><td>---</td></tr>
<tr><td>Wegewitz, 13/7/84, Siebdruck, ŭn͡aulŭtŭ́, S. 103</td><td>(25) nŏŏkrāŏbḗ</td><td></td><td>geflochtener Affenpenis als Zauber

(Krause 1911b, S. 447)</td><td>24</td></tr>
</table>

Literaturliste

Originalgrafische Bücher und Grafikmappen (nach Erscheinungsdatum)

Originalgrafische Faltblätter, 1976/77
Originalgrafische Faltblätter, hg. v. Lutz Dammbeck, Frieder Heinze, Günther Huniat, (Nr. 1–7), im Eigenverlag, 1976/77

Landschaft, 1980
Landschaft. Grafiken von Frieder Heinze, Torsten Schade-Adelsberg, Volker Stelzmann, Peter Sylvester, Dieter Tucholke und Claus Weidensdorfer, hg. v. Lothar Lang und Hans Marquardt, (= Grafik-Edition VIII), Leipzig: Reclam, 1980

Wegewitz, Anleitung zu Betrachtungen, 1980
Wegewitz, Olaf: Anleitung zu Betrachtungen. Sackstoffbuch, Unikat, 1980

Wegewitz, Holzbuch, 1981
Wegewitz, Olaf: Holzbuch, Unikat, 1981

Wegewitz, Großes Buch vom Nestbau, 1982
Wegewitz, Olaf: Großes Buch vom Nestbau, Unikat, 1982

Heinze/Wegewitz, N. A. Achmatowa, Beschwörung. P. Verlaine, Weisheit, 1982
Heinze, Frieder/Wegewitz, Olaf: N. A. Achmatowa, Beschwörung. P. Verlaine, Weisheit, Unikat, 1982

Wegewitz, Vorzeichnungen zu ŭna͡ulŭtŭ́, 1983/84
Wegewitz, Olaf: (Vorzeichnungen zu ŭna͡ulŭtŭ́), Unikat, 1983/84

Akat. 1. Leipziger Herbstsalon, 1984
Akat. 1. Leipziger Herbstsalon, mit L. Dammbeck, G. Firit, H. H. Grimmling, F. Heinze, O. Wegewitz, (10.11.–7.12.1984, Messehaus am Markt, Leipzig), Leipzig: Mogollon, 1984

Oltmanns/Wegewitz, GAV'RINIS, 1985
Oltmanns, Dietrich/Wegewitz, Olaf: GAV'RINIS, 25 Exemplare, 1985

Wegewitz, Kleines Pflanzenteilbuch, 1985
Wegewitz, Olaf: Kleines Pflanzenteilbuch, Unikat, 1985

Wegewitz, Skizzenheft – Völkerkundemuseum Hamburg, 1986
Wegewitz, Olaf: Skizzenheft – Völkerkundemuseum Hamburg, 10 Exemplare, 1986

Heinze/Wegewitz, O. T., 1987
Heinze, Frieder/Wegewitz, Olaf: O. T., mit Siebdrucken von Heinze und Wegewitz, hg. v. d. Galerie Theaterpassage, Leipzig, ca. 100 Exemplare, 1987

Heinze/Wegewitz, STEINCHEN IM SAND, 1987
Heinze, Frieder/Wegewitz, Olaf: STEINCHEN IM SAND, 7 Exemplare, 1987

Blindenbuch, 1988
Blindenbuch, mit Ralf Klement, Frieder Heinze, Fotis Zaprasis, Günther Huniat, Leipzig, 1988

Heinze/Wegewitz, ungebrochen, 1988
Heinze, Frieder/Wegewitz, Olaf: ungebrochen, 50 Exemplare, 1988

Wegewitz, WIR SIND EIN TEIL DER ERDE, 1988
Wegewitz, Olaf: WIR SIND EIN TEIL DER ERDE. Die Rede des Häuptlings Seattle vor dem Präsidenten der Vereinigten Staaten von Amerika im Jahre 1855, 10 Exemplare, 1988

Heinze/Wegewitz, Begleitbuch zur Ausstellung Neue Dresdner Galerie, 1989
Heinze, Frieder/Wegewitz, Olaf: O. T., Begleitbuch zur Ausstellung Neue Dresdner Galerie, 80 Exemplare, 1989

Common Sense, 1989
Common Sense, mit Frieder Heinze, Olaf Wegewitz und 29 weiteren beteiligten Künstlern, (= Edition Augenweide), Halle/Bernburg, 1989

Akat. Herbst Zeit Lose, 1990
Akat. Herbst Zeit Lose (26.8.–30.9.1990, Museum Hanau, Schloss Philippsruhe; 24.6.–20.8.1990, Staatliches Lindenau-Museum, Altenburg), Altenburg: Lindenau-Museum,1990

5 Jahre Edition Augenweide, 1991
5 Jahre Edition Augenweide, mit Jens Henkel, Volker Dietzel, Jörg Kowalski, Reinhard Grüner, Françoise Despalles, Johannes Strugalla, Hans-Georg Sehrt, Wilhelm Bartsch, Guillermo Deisler, Frieder Heinze, Klaus Süß, Ulrich Tarlatt, Olaf Wegewitz, Halle/Bernburg, 1991

Wegewitz, Nanna. Die Beseelung der Pflanzen, 1993
Wegewitz, Olaf: Nanna. Die Beseelung der Pflanzen, (= Reflexionen IX, Edition Galerie Oben, Chemnitz, 100 + xxx Exemplare), Rudolstadt: burgart presse, 1993

Zeitungsartikel (nach Erscheinungsdatum)

Ohff, Berliner Tagesspiegel, 27.7.1986
Ohff, Heinz: Magie aus Leipzig. Frieder Heinze und Olaf Wegewitz in der Galerie Brusberg, in: Berliner Tagesspiegel vom 27.7.1986, S. 5

o. V., Berliner Zeitung, 14.8.1986
o. V.: In seiner Art einmaliges Werk. Gespräch mit Reclam-Verlagsdirektor Dr. H. Marquardt, in: Berliner Zeitung, 14.8.1986, Jg. 42, Ausgabe 191, S. 7

Vogel, taz, 16.8.1986
Vogel: Das Karl May Prinzip. Unaulutu von Frieder Heinze und Olaf Wegewitz in der Galerie Brusberg, in: Berliner Tageszeitung vom 16.8.1986, S. 22

C. B., FAZ, 25.8.1986
C. B.: Malerbuch Leipziger Künstler. Exotisch, in: Frankfurter Allgemeine Zeitung vom 25.8.1986, S. 25

Lang, Weltbühne, 26.8.1986
Lang, Lothar: Leipziger Steinchen im Sand, in: Die Weltbühne, Nr. 34, vom 26.8.1986, S. 1067–1068

G. A., Neue Zeit, 20.8.1985
G. A.: Der Gegenwart in Wort und Bild verbunden. Exposition des Reclam-Verlages in Leipzig, in: Neue Zeit, 20.8.1985, Jg. 41, Ausgabe 194, S. 4

o. V., Neues Deutschland, 20.8.1985
o. V.: „Das schöne Buch" und Grafiken der Dürer-Presse, in: Neues Deutschland, 20.8.1985, Jg. 41, Ausgabe 196, S. 4.

Ausstellungskataloge (nach Erscheinungsjahr)

Akat. Frieder Heinze, 1978
Akat. Frieder Heinze, (Galerie Arkade, Staatlicher Kunsthandel der DDR), Leipzig: Galerie Arkade, 1987

Akat. Neue Buchformen und Experimente, 1982
Akat. Neue Buchformen und Experimente, (= Kabinettausstellung, IBA 1982), Leipzig: Edition Leipzig, 1982

Akat. Gauguin to Moore, 1982
Akat. Gauguin to Moore. Primitivism in Modern Sculpture, hg. von Alan Wilkinson, (7.11.1981–3.1.1982, Toronto, Art Gallery of Ontario), Toronto: Art Gallery of Ontario, 1982

Akat. Primitivismus, 1996 [1984]
Akat. Primitivismus in der Kunst des 20. Jahrhunderts, hg. von William Rubin, München: Prestel 1996[3] [Originalausgabe: Akat. „Primitivism" in 20th Century Art. Affinities of the Tribal and the Modern, (27.9.1984–15.1.1985, Museum of Modern Art, New York), New York: Museum of Modern Art, 1984]

Akat. 1. Leipziger Herbstsalon, 1984
Akat. 1. Leipziger Herbstsalon, mit L. Dammbeck, G. Firit, H. H. Grimmling, F. Heinze, O. Wegewitz, (10.11.–7.12.1984, Messehaus am Markt, Leipzig), Leipzig: Mogollon, 1984 [originalgrafisch]

Akat. Literatur und Kunst im Dialog, 1985
Akat. Literatur und Kunst im Dialog. Eine Ausstellung des Verlages Philipp Reclam jun. Leipzig, (12.8.–22.9.1985, Museum der Bildenden Künste Leipzig), Leipzig: Museum der Bildenden Künste, 1985

Akat. Olaf Wegewitz, 1986
Akat. Olaf Wegewitz, (= Galerie in der deutschen Bücherstube, Kat. Nr. 10), Berlin: Deutsche Bücherstube, 1986

Akat. Magie des Buches, 1988
Akat. Magie des Buches, (7.5.–3.7.1988, Städtische Kunsthalle Recklinghausen, 42. Ruhrfestspiele Recklinghausen), Recklinghausen: Städtische Kunsthalle, 1988

Akat. America Latina, 1988
Akat. America Latina. Lateinamerika in der Kunst der DDR, (7.9.–28.9.1988, Ausstellungszentrum am Fernsehturm, Berlin), Berlin: Verband Bildender Künstler der DDR/Solidaritätskomitee der DDR/Kulturzentrum „Pablo Neruda" der KP Chiles, 1988

Akat. Heinze. Rückert, 1988
Akat. Frieder Heinze. Claudia Rückert. Malerei, Zeichnung, Keramik, Kleinplastik, (2.11.–3.12.1988, Galerie Oben, Karl-Marx-Stadt), Karl-Marx-Stadt: Galerie Oben, 1988

Akat. Forbilleder. Nutidskunst fra DDR, 1989
Akat. Forbilleder. Nutidskunst fra DDR, (8.7.–27.8.1989, Museerne i Tønder; 23.9.–29.10.1989, Gl. Holtergaard), Gl. Holtergaard: Sønderjyllands Kunstmuseum, 1989

Akat. 20a Bienal international de São Paulo, 1989
Akat. 20a Bienal international de São Paulo, (14.10.–10.12.1989), São Paulo: Fundação Bienal, 1989

Akat. Herbst Zeit Lose, 1990
Akat. Herbst Zeit Lose (26.8.–30.9.1990, Museum Hanau, Schloss Philippsruhe; 24.6.–20.8.1990, Staatliches Lindenau-Museum, Altenburg), Altenburg: Lindenau-Museum,1990 [originalgrafisch]

Akat. Neues Territorium, 1990
Akat. Neues Territorium. Kunst aus der DDR, (17.10.–30.11.1990, Grossman Gallery, School of the Museum of Fine Arts, Boston; 2.4.–26.4.1991, The Art Gallery, Univ. of Maryland, at College Park, Maryland; 28.8.–6.10.1991, Edwin A. Ulrich Museum of Art, The Wichita State Univ., Wichita), Boston: Grossman Gallery, 1990

Akat. Künstlerbücher und Zeitschriften im Eigenverlag, 1991
Akat. DDR 1980–89. Künstlerbücher und originalgrafische Zeitschriften im Eigenverlag. Eine Bibliographie, hg. von Jens Henkel/Sabine Russ, (8.5.–9.6.1991, Gutenberg-Museum Mainz; 30.6.– 11.8.1991, Angermuseum Erfurt; 23.8.–21.9.1991, Stadtbibliothek Paderborn; 11.9.–19.10.1991, Galerie Oben, Chemnitz; 25.10.–30.12.1991, Galerie Gunar Barthel, Berlin), Gifkendorf: Merlin, 1991

Akat. non kon form, 1992
Akat. non kon form. Künstlerbücher, Text-Graphik-Mappen und autonome Zeitschriften der DDR 1979–89 aus der Sammlung der Sächsischen Landesbibliothek Dresden, hg. u. a. von Renate Wiehager, (11.4.–24.5.1992, Galerie der Stadt Esslingen, Villa Merkel; 20.6.–16.8.1992, Stadtgalerie im Sophienhof Kiel), Kiel [u. a.]: Kulturamt [u. a.], 1992

Akat. Papiergesänge, 1992
Akat. Papiergesänge. Buchkunst im zwanzigsten Jahrhundert. Künstlerbücher, Malerbücher und Pressendrucke aus den Sammlungen der Bayrischen Staatsbibliothek München, hg. von Beatrice Hernad/Karin von Maur (24.9.–19.12.1992, Bayrische Staatsbibliothek, München), München: Prestel-Verlag, 1992

Akat. Zwischen den Seiten, 1992
Akat. Zwischen den Seiten. Künstlerbücher und Buchobjekte, (25.4.–7.6.1992, Brandenburgische Kunstsammlungen, Cottbus), Cottbus, 1992

Akat. Wegewitz. Bucharbeit, 1994
Akat. Wegewitz. Bucharbeit, hg. von Jörg Sperling, (10.12.1994–29.01.1995, Museum für zeitgenössische Kunst, Fotografie, Plakat und Design, Cottbus), Frankfurt am Main: Brandenburgische Kunstsammlungen Cottbus, 1994

Akat. Bücherlust, 1998
Akat. Bücherlust. Buchkunst und Bücherluxus im 20. Jahrhundert. Beispiele aus einer Stuttgarter Sammlung, hg. von Wulf D. von Lucius, (30.11.–31.12.1998, Württembergische Landesbibliothek Stuttgart), Stuttgart: Württembergische Landesbibliothek, 1998

Akat. Eintritt außen vor, 2000
Akat. Frieder Heinze. Eintritt außen vor. Malerei, Graphik, Plastik, Objekte, hg. von Ulrike Weißberger, (30.6.–2.9.2000, Lindenau Museum, Altenburg), Altenburg: Lindenau Museum, 2000

Akat. Holzhäuser Straße 73, 2005
Akat. Holzhäuser Straße 73. Zur Kunstgeschichte eines Ortes, hg. v. Claus Baumann, (13.5.–3.7.2005, Kunsthalle in der Sparkasse Leipzig), Leipzig: Stadt- und Kreissparkasse/Sächsisches Kunstwerk, 2005

Kurzführer, Abend der Zeit, 2011
Kurzführer zur Ausstellung: Lothar Baumgarten. Abend der Zeit – Señores Naturales. Yanomami, 26.11.2011–27.5.2012, Museum Folkwang

Akat. Zeichen und Wunder, 2013
Akat. Frieder Heinze. Zeichen und Wunder, hg. v. Annegret Laabs und Uwe Gellner, (1.10.2013–9.2.2014, Kunstmuseum Kloster Unser Lieben Frauen, Magdeburg), Berlin: Jovis, 2013

Akat. Olaf Wegewitz – Geradewegs, 2014
Akat. Olaf Wegewitz – Geradewegs. Zu Fuß auf dem 11. Längengrad durch Deutschland, (4.3.–9.6.2014, Kunstmuseum Kloster Unser Lieben Frauen, Magdeburg), Berlin: Jovis, 2014

Sonstiges (alphabetisch)

Ackermann 2000
Ackermann, Joachim: Der SED-Parteiapparat und die Bildende Kunst, in: Offner, Hannelore/Schroeder, Klaus (Hg.): Eingegrenzt – Ausgegrenzt. Bildende Kunst und Parteiherrschaft in der DDR 1961–1989, Berlin: Akademie Verlag, 2000, S. 15–88

Armbruster 1982
Armbruster, Claudius: Das Werk Alejo Carpentiers. Chronik der „Wunderbaren Wirklichkeit", Frankfurt am Main: Vervuert, 1982

Beer/Fischer 2006
Beer, Bettina/Fischer, Hans (Hg.): Ethnologie. Einführung und Überblick, Berlin: Reimer, 2006[6]

Bilang 1980
Bilang, Karla: Die Rezeption ozeanischer und afrikanischer Kunst in der Künstlergemeinschaft ‚Brücke' und der Exotismus in der bürgerlichen Malerei, in: Bildende Kunst, 1980, 7=6, Beil., S. 6–16

Bilang 1981
Bilang, Karla: Die Rezeption ozeanischer und afrikanischer Kunst in der Künstlergemeinschaft ‚Brücke' und der Exotismus in der bürgerlichen Malerei, Universität Greifswald, Diss., Ernst-Moritz-Arndt Universität Greifswald, 1981

Bilang 1989
Bilang, Karla: Das Gegenbild. Die Begegnung der Avantgarde mit dem Ursprünglichen, Leipzig: Ed. Leipzig, 1989

Bilang 1990
Bilang, Karla: Bild und Gegenbild. Das Ursprüngliche in der Kunst des 20. Jahrhunderts, Stuttgart [u. a.]: Kohlhammer, 1990

Blume 1989
Blume, Eugen: Eine Landkarte des inneren Raumes – Anmerkungen zur ungegenständlichen Kunst in der DDR, in: Akat. Konturen. Werke seit 1949 geborener Künstler in der DDR, (5.10.–3.12.1989, Nationalgalerie, Berlin, anläßlich des 40. Jahrestages der DDR), Berlin: Staatliche Museen zu Berlin, Nationalgalerie, 1989, S. 28–35

Boglár 1982
Boglár, Lajos: Wahari. Eine südamerikanische Urwaldkultur, Leipzig: Kiepenheuer, 1982

Boglár/Kovács 1983
Boglár, Lajos/Kovács, Tamás: Indianische Kunst von Mexiko bis Peru, Leipzig: Seemann, 1983

Borries/Fischer 2008
Borries, Friedrich von/Fischer, Jens-Uwe: Sozialistische Cowboys. Der Wilde Westen Ostdeutschlands, Frankfurt am Main: Suhrkamp, 2008

Brall 1986
Brall, Artur: Künstlerbücher, artists' books, book as art: Ausstellungen, Dokumentationen, Kataloge, Kritiken, Frankfurt am Main: verlag kretschmar & großmann, 1986

Carpentier 1982
Carpentier, Alejo: Die verlorenen Spuren, Frankfurt am Main: Suhrkamp, 1982

Carpentier 2004
Carpentier, Alejo: Das Reich von dieser Welt. Mit dem Vorwort zur Originalausgabe und einem Nachwort von Mario Vargas Llosa, Frankfurt am Main: Suhrkamp, 2004

Dammbeck 1996
Dammbeck, Lutz: Der „1. Leipziger Herbstsalon" – ein kulturpolitischer Präzedenzfall, in: Grundmann, Uta/Michael, Klaus/Seufert, Susanne (Hg.): Die Einübung der Aussenspur. Die andere Kultur in Leipzig 1971–1990, Leipzig: THOM, 1996, S. 36f.; außerdem in: Feist, Günter/Gillen, Eckhard (Bearb.): Kunstkombinat DDR. Daten und Zitate zur Kunst und Kunstpolitik in der DDR 1945–1990, Berlin: NiSHEN, 1990, S. 159f.

Dittmar 1977
Dittmar, Rolf: Metamorphosen des Buches, in: Akat. documenta 6, Bd. 3: handzeichnungen, utopisches design, bücher, (24.6.–2.10.1977), Kassel: Dierichs, 1977, S. 296–299, bzw. in einer englischen Fassung in: Akat. The Book of Art and Artists' Books, Teheran Museum of Contemporary Art, 1978, S. 6–9

Diwo 1993
Diwo, Marion: Gesellschaftliche Aspekte bei Joseph Beuys, Lothar Baumgarten und Ingo Günther, Diss., Rheinische Friedrich-Wilhelms-Universität Bonn, 1993

Eckart 1993
Eckart, Frank (Bearb.): Eigenart und Eigensinn. Alternative Kulturszenen in der DDR 1980–1990, mit Bestandskatalog, Bremen: Ed. Temmen, 1993

Feist/Gillen 1990
Feist, Günter/Gillen, Eckhard (Bearb.): Kunstkombinat DDR. Daten und Zitate zur Kunst und Kunstpolitik in der DDR 1945–1990, Berlin: NiSHEN, 1990

Flam/Deutch 2003
Flam, Jack/Deutch, Miriam: Primitivism and twentieth-century Art. A Documentary History, Berkeley/Los Angeles/London: University of California Press, 2003

Fricke 1982
Fricke, Karl-Wilhelm: Die DDR-Staatssicherheit. Entwicklung, Strukturen, Aktionsfelder, Köln: Verlag Wissenschaft und Politik, 1982

Fühmann 1982
Fühmann, Franz: Pavlos Papierbuch, in: Ders.: Pavlos Papierbuch und andere Erzählungen, Berlin(Ost)/Weimar: Aufbau-Verlag, 1982, S. 154–172

Gehlen/Pytlik 1984
Gehlen, Rolf/Pytlik, Anna: Mit der Wahrheit auf Kriegsfuß, in: Natur, Nr. 7, 1984, S. 76–83

Gellner 2013
Uwe Gellner: Bildwanderungen, In: Akat. Frieder Heinze. Zeichen und Wunder, hg. v. Annegret Laabs und Uwe Gellner, (1.10.2013–9.2.2014, Kunstmuseum Kloster Unser Lieben Frauen, Magdeburg), Berlin: Jovis, 2013, S. 9–12

Gillen 1990
Gillen, Eckhart (Hg.): Kunst in der DDR. Künstler/Galerien/Museen/Kulturpolitik/Adressen, Köln: Kiepenheuer & Witsch, 1990

Glasmeier 1994
Glasmeier, Michael: Die unmögliche Bibliothek, in: Akat. Die Bücher der Künstler. Publikationen und Editionen seit den sechziger Jahren in Deutschland. Eine Ausstellung in zehn Kapiteln, hg. von Michael Glasmeier, (Wanderausstellung), Stuttgart: Inst. für Auslandsbeziehungen [u. a.], 1994, S. 9–12

Goeschen 2001
Goeschen, Ulrike: Vom sozialistischen Realismus zur Kunst im Sozialismus. Die Rezeption der Moderne in Kunst und Kunstwissenschaft der DDR, (= Zeitgeschichtliche Forschungen, Bd. 8), Berlin: Duncker & Humblot, 2001; zugl. Diss., Freie Univ. Berlin, 1999

Gombrich 2002
Gombrich, Ernst H.: The preference of the primitive. Episodes in the history of Western taste and art, London: Phaidon, 2002

Griese/Marburger 1995
Griese, Christiane/Marburger, Helga: Zwischen Internationalismus und Patriotismus. Konzepte des Umgangs mit Fremden und Fremdheit in den Schulen der DDR, Frankfurt am Main: IKO – Verlag für Interkulturelle Kommunikation, 1995

Grimmling 2008
Grimmling, Hans-Hendrik: die umerziehung der vögel. einmalerleben, Halle: Mitteldeutscher Verlag, 2008

Gruhl 1985
Gruhl, Herbert: Häuptling Seattle hat gesprochen. Der authentische Text seiner Rede mit einer Klarstellung. Nachdichtung und Wahrheit, Düsseldorf: Erb Verlag, 1985[3]

Grundmann/Michael/Seufert 1996
Grundmann, Uta/Michael, Klaus/Seufert, Susanne (Hg.): Die Einübung der Aussenspur. Die andere Kultur in Leipzig 1971–1990, Leipzig: THOM, 1996

Grün 1978
Grün, Robert (Hg.): Die Eroberung von Peru. Pizarro und andere Conquistadoren. 1526–1712. Die Augenzeugenberichte von Celso Gargia, Gaspar de Carvajal, Samuel Fritz, Tübingen [u. a.]: Erdmann, 1978[3]

Halbrehder 1995
Halbrehder, Corinna: Die Malerei der Allgemeinen Deutschen Kunstausstellung, (= Europäische Hochschulschriften, Reihe 28, Kunstgeschichte, Bd. 224), Frankfurt am Main [u. a.]: Lang, 1995

Heinke 2009
Heinke, Sabine: Das Werk Bernhard Heisigs nach dem Systemwechsel von 1989 am Beispiel seiner Bilder zu Geschichte und Gesellschaft, Diss., Justus-Liebig-Universität Giessen, 2009

Hiller 1991
Hiller, Susan: The Myth of Primitivism. Perspectives on art, London/NewYork: Routledge, 1991

Henkel 1991
Henkel, Jens: Die Bibliophilie der „Andersdenkenden" – Künstlerbücher in der DDR, in: Akat. DDR 1980–89. Künstlerbücher und originalgrafische Zeitschriften im Eigenverlag. Eine Bibliographie, hg. von Jens Henkel/Sabine Russ, (8.5.–9.6.1991, Gutenberg-Museum Mainz; 30.6.–11.8.1991, Angermuseum Erfurt; 23.8.–21.9.1991, Stadtbibliothek Paderborn; 11.9.–19.10.1991, Galerie Oben Chemnitz; 25.10.–30.12.1991, Galerie Gunar Barthel Berlin), Gifkendorf: Merlin, 1991, S.8–14

Kaiser 1985
Kaiser, Rudolf und Michaela: Diese Erde ist uns heilig. Die Rede des Indianerhäuptlings Seattle. Legende und Wirklichkeit, Münster: edition iris blaschzok, 1985

Kästner 1994
Kästner, Erhart: Das Malerbuch des zwanzigsten Jahrhunderts, in: Akat. Kunstwirklichkeiten. Erhart Kästner. Bibliothekar, Schriftsteller, Sammler (8.5.–13.7.1994, Albertinum Dresden; 19.7.–18.9.1994, Malerbuch-Kabinett der Bibliotheca Augusta), Herzog August Bibliothek Wolfenbüttel, 1994, S. 69–97

Kenzler 2012
Kenzler, Marcus: Der Blick in die andere Welt. Einflüsse Lateinamerikas auf die Bildende Kunst der DDR (= Theorie der Gegenwartskunst, Bd. 18, in zwei Teilbänden), Münster: Lit, 2012; zugl. Diss. Univ. Hildesheim, 2010

Kloth 2000
Kloth, Hans Michael: Vom „Zettelfalten" zum freien Wählen. Die Demokratisierung der DDR 1989/90 und die „Wahlfrage", Berlin: Links, 2000; zugl. Diss. Univ. Lüneburg, 1999

Kohl 2000
Kohl, Karl-Heinz: Ethnologie – die Wissenschaft vom kulturell Fremden. Eine Einführung, München: C. H. Beck, 2000[2]

Krause 1911a
Krause, Fritz: Die Kunst der Karajá-Indianer, (= Bässeler-Archiv, Bd. 2, H. 1, Sonderdruck), Berlin: B. G. Teubner, 1911

Krause 1911b
Krause, Fritz: In den Wildnissen Brasiliens. Bericht und Ergebnisse der Leipziger Araguana-Expedition 1908, Leipzig: R. Voigtländer, 1911

Lang 2000
Lang, Lothar: Von Hegenbarth zu Altenbourg. Buchillustration und Künstlerbuch in der DDR, Stuttgart: Hauswedell, 2000

Lang 2005
Lang, Lothar: Buchkunst und Kunstgeschichte im 20. Jahrhundert. Graphik, Illustration, Malerbuch (= Bibliothek des Buchwesens, Bd. 17), Stuttgart: Hirsemann, 2005

Laude 1968
Laude, Jean: La Peinture française (1905–1914) et „l'art nègre", Paris: Klincksieck, 1968

Laude 1996
Laude, Jean: Paul Klee, in: Akat. Primitivismus in der Kunst des 20. Jahrhunderts, hg. von William Rubin, München: Prestel 1996[3] [Originalausgabe: Akat. „Primitivism" in 20th Century Art. Affinities of the Tribal and the Modern, (27.9.1984–15.1.1985, Museum of Modern Art, New York), New York: Museum of Modern Art, 1984], S. 498–513.

Levinstein 1905
Levinstein, Siegfried: Kinderzeichnungen bis zum 14. Lebensjahr. Mit Parallelen aus der Urgeschichte, Kulturgeschichte und Völkerkunde, Leipzig: Voigtländer, 1905

Li 2006
Li, Victor: The Neo-Primitivist Turn: Critical Reflections on Alterity, Culture and Modernity, Univ. of Toronto Press, 2006

Liebermann 2005
Liebermann, Doris: „Geduld, dulden, Ungeduld...": der „1. Leipziger Herbstsalon" 1984, in: Deutschland-Archiv, Bonn: Bundeszentrale für Politische Bildung, 4/2005, S. 614–625

Liebermann 2015
Liebermann, Doris: Ein Piratenstück. Der 1. Leipziger Herbstsalon 1984, seine Vorgeschichte und seine Protagonisten, Halle: Mitteldeutscher Verlag, 2015

Links 2009
Links, Christoph: Das Schicksal der DDR-Verlage. Die Privatisierung und ihre Konsequenzen, Berlin: Ch. Links Verlag, 2009

Maur 1992
Maur, Karin von: Tendenzen der Buchkunst im zwanzigsten Jahrhundert, in: Akat. Papiergesänge. Buchkunst im zwanzigsten Jahrhundert. Künstlerbücher, Malerbücher und Pressendrucke aus den Sammlungen der Bayrischen Staatsbibliothek München, hg. von Beatrice Hernad/Karin von Maur (24.9.–19.12.1992, Bayrische Staatsbibliothek, München), München: Prestel-Verlag, 1992, S. 11–54

Metken 1977
Metken, Günter (Hg.): Spurensicherung. Kunst als Anthropologie und Selbsterforschung. Fiktive Wissenschaft in der heutigen Kunst, Köln: DuMont, 1977

Moldehn 1996
Moldehn, Dominique: Buchwerke. Künstlerbücher und Buchobjekte 1960–1994, Nürnberg: Verlag für Moderne Kunst, 1996

Müller-Enbergs/Wielgohs/Hoffmann 2000
Müller-Enbergs, Helmut/Wielgohs, Jan/Hoffmann, Dieter (Hg.): Wer war wer in der DDR? Ein biographisches Lexikon, Berlin: Christoph Links Verlag, 2000

N'guessan 2002
N'guessan, Béchié Paul: Primitivismus und Afrikanismus. Kunst und Kultur Afrikas in der deutschen Avantgarde, (= Kulturtransfer und Geschlechterforschung, hg. von Sigrid Bauschinger und Sibylle Penkert, Bd. 1), Frankfurt am Main [u. a.]: Peter Lang, 2002

Offner 2000
Offner, Hannelore: Überwachung, Kontrolle, Manipulation. Bildende Künstler im Visier des Staatssicherheitsdienstes, in: Offner, Hannelore/Schroeder, Klaus (Hg.): Eingegrenzt – Ausgegrenzt. Bildende Kunst und Parteiherrschaft in der DDR 1961–1989, Berlin: Akademie Verlag, 2000, S. 167–198.

Pätzke 1990
Pätzke, Hartmut : Der staatliche Kunsthandel in der DDR, in: Gillen, Eckhart; Haarmann, Rainer (Hg.): Kunst in der DDR. Künstler/Galerien/Museen/Kulturpolitik/Adressen, Köln: Kiepenheuer & Witsch, 1990, S. 57–62

Prinzhorn 1922
Prinzhorn, Hans: Bildnerei der Geisteskranken. Ein Beitrag zur Psychologie und Psychopathologie der Gestaltung, Berlin: Springer, 1922

Razzeto 1976
Razzeto, Mario (Hg.): Ketschua-Lyrik, nachgedichtet von Juliane Bambula-Diaz, mit einem Vorwort von Ursula Schlenther, Aufsatz von Alejandro Ortiz Rescaniere (= Reclams Universal-Bibliothek, Bd. 654), Leipzig: Philipp Reclam jun., 1976

Rhodes 1994
Rhodes, Colin: Primitivism and Modern Art, London: Thames & Hudson 1994

Rubin 1996a
William Rubin: Preface to the Second Printing, in: Akat. Primitivismus in der Kunst des 20. Jahrhunderts, hg. von William Rubin, München: Prestel, 1996[3], S. I–IV

Rubin 1996b
Rubin, William: Der Primitivismus in der Moderne. Eine Einführung, in: Akat. Primitivismus in der Kunst des 20. Jahrhunderts, hg. von William Rubin, München: Prestel, 1996[3] [Originalausgabe: Akat. „Primitivism" in 20th Century Art. Affinities of the Tribal and the Modern, (27.9.1984–15.1.1985, Museum of Modern Art, New York), New York: Museum of Modern Art, 1984], S. 8–91

Sauer 1992
Sauer, Helgard: Nonkonforme Kunst – illegale Bücher in der DDR, in: Akat. non kon form. Künstlerbücher, Text-Graphik-Mappen und autonome Zeitschriften der DDR 1979–89 aus der Sammlung der Sächsischen Landesbibliothek Dresden, hg. u. a. von Renate Wiehager, (11.4.–24.5.1992, Galerie der Stadt Esslingen, Villa Merkel; 20.6.–16.8.1992, Stadtgalerie im Sophienhof Kiel) Kiel [u. a.]: Kulturamt [u. a.], 1992, S. 9–25.

Sauer/Nievers 1994
Sauer, Helgard/Nievers, Knut: Nonkonforme Kunst. Illegale Bücher in der DDR, in: Bartkowiaks forum book art: Kompendium zeitgenössische Handpressendrucke, Malerbücher, Künstlerbücher, Einblattdrucke, Mappenwerke und Buchobjekte, hg. von Heinz Bartkowiak, 13. Ausgabe, 2/1994, S. 44–59

Scheffler 1997
Scheffler, Christian: Pressendrucke. Die Hohe Schule der Typografie, in: Die vollkommene Lesemaschine. Von deutscher Buchgestaltung im 20. Jahrhundert, Frankfurt am Main/Leipzig: Stiftung Buchkunst, 1997, S. 150–187

Schmalenbach 1961
Schmalenbach, Werner: Die Kunst der Primitiven als Anregungsquelle für die europäische Kunst bis 1900, Köln: DuMont Schauberg, 1961

Schroeder 1998
Schroeder, Klaus: Der SED-Staat. Geschichte und Strukturen der DDR, München: Bayrische Landeszentrale für politische Bildung, 1998

Schroeder 2000
Schroeder, Klaus: Kunst und Künstler im (spät-)totalitären Sozialismus, in: Offner, Hannelore/Schroeder, Klaus (Hg.): Eingegrenzt – Ausgegrenzt. Bildende Kunst und Parteiherrschaft in der DDR 1961–1989, Berlin: Akademie Verlag, 2000, S. 9–14

Schulz 1987
Schulz, Gisela (Barb.): Malerbücher und Verwandtes, (= Bilderhefte des Museums für Kunst und Gewerbe Hamburg, Bd. 21), Hamburg: Museum für Kunst und Gewerbe, 1987

Sperling 1992
Jörg Sperling: Lesestofflichkeit, in: Akat. Zwischen den Seiten. Künstlerbücher und Buchobjekte, (25.4.– 7.6.1992, Brandenburgische Kunstsammlungen, Cottbus), Cottbus, 1992, S. 9–16

Sperling 1994
Sperling, Jörg: BUCH = Weg, in: Akat. Wegewitz. Bucharbeit, hg. von Jörg Sperling, (10.12.1994–29.01.1995, Museum für zeitgenössische Kunst, Fotografie, Plakat und Design, Cottbus), Frankfurt am Main: Brandenburgische Kunstsammlungen Cottbus, 1994, S. 32–35

Spindler 1988
Spindler, Albert (Hg.): Typen. Pressendrucke des deutschen Sprachraums seit 1945, Gifkendorf: Merlin, 1988

Strauß 2007
Strauß, Helfried/Gosse, Peter (Hg.): Weltnest. Literarisches Leben in Leipzig 1970–1990, Halle: Mitteldeutscher Verlag, 2007

Ströbele-Gregor 2004
Ströbele-Gregor, Juliane: Indigene Völker und Gesellschaft in Lateinamerika. Herausforderungen an die Demokratie, in: Indigene Völker in Lateinamerika und Entwicklungszusammenarbeit, Heidelberg: Kasparek-Verlag, 2004, S. 1–27

Thurmann-Jajes 2001
Thurmann-Jajes, Anne: Die Bücher der Künstler. Zur Problematik einer Begriffsbestimmung, in: Akat. Malerbücher – Künstlerbücher. Die Vielseitigkeit eines Mediums in der Kunst des 20. Jahrhunderts, hg. von Martin Hellmold/Sabine Albers, (Teil I: 28.10.2001–6.1.2001, Neues Museum Weserburg Bremen; Teil II: 18.6.–August 2002, Sparkasse Bremen), Köln: Salon-Verlag, 2001, S. 10–15

Varnedoe 1996a
Varnedoe, Kirk: Abstrakter Expressionismus, in: Akat. Primitivismus in der Kunst des 20. Jahrhunderts, hg. von William Rubin, München: Prestel, 1996[3] [Originalausgabe: Akat. „Primitivism" in 20th Century Art. Affinities of the Tribal and the Modern, (27.9.1984–15.1.1985, Museum of Modern Art, New York), New York: Museum of Modern Art 1984], S. 628–675

Varnedoe 1996b
Kirk Varnedoe: Zeitgenössische Tendenzen, Akat. Primitivismus in der Kunst des 20. Jahrhunderts, hg. von William Rubin, München: Prestel, 1996[3] [Originalausgabe: Akat. „Primitivism" in 20th Century Art. Affinities of the Tribal and the Modern, (27.9.1984–15.1.1985, Museum of Modern Art, New York), New York: Museum of Modern Art 1984], S. 676–701.

Vlasic 2007
Vlasic, Valentina: Die Kunstauffassung Walter Ulbrichts und die Folgen, Berlin: verlag am park, edition ost Ltd., 2007

Wallenburg 1992
Wallenburg, Ullrich: Zwischen die Seiten geraten, in: Akat. Zwischen den Seiten. Künstlerbücher und Buchobjekte, (25.4.–7.6.1992, Brandenburgische Kunstsammlungen, Cottbus), Cottbus, 1992, S. 6

Wegewitz 2010
Olaf Wegewitz: All seine Holdheit der Feldblume gleich, (= Natur, Bd. 5), Wortraum Edition: Huy-Neinstedt/Leipzig, 2010

Wegner 1983
Wegner, Reinhard: Der Exotismus-Streit in Deutschland (= Europäische Hochschulschriften, Reihe XXVIII, Kunstgeschichte, Bd. 27), Frankfurt am Main/Bern/New York: Peter Lang, 1983

Weiss 2007
Weiss, Judith Elisabeth: Der gebrochene Blick. Primitivismus – Kunst – Grenzverwirrungen, Berlin: Reimer, 2007

Wentinck 1974
Wentinck, Charles: Moderne und primitive Kunst, Freiburg (im Breisgau) [u. a.]: Herder, 1974

Werner 1986
Werner, Klaus: Mythos und Material, in: Akat. Olaf Wegewitz, (= Galerie in der deutschen Bücherstube, Kat.Nr. 10), Berlin: Deutsche Bücherstube, 1986, S. 6–22

Werner 1990
Werner, Klaus: Telefon 287350. Hier Leipziger Herbstsalon, in: Gillen, Eckhart (Hg.): Kunst in der DDR. Künstler/Galerien/Museen/Kulturpolitik/Adressen, Köln: Kiepenheuer & Witsch, 1990, S. 399–402

Werner 2004
Werner, Arnold (Bearb.): Das Malerbuch des 20. Jahrhunderts. Katalog der Malerbücher der Herzog August Bibliothek Wolfenbüttel, (= Wolfenbütteler Schriften zur Geschichte des Buchwesens, Bd. 37), Wiesbaden: Harassowitz, 2004

Worringer 2007 [1908]
Worringer, Wilhelm: Abstraktion und Einfühlung. Ein Beitrag zur Stilpsychologie, hg. von Helga Grebing, München: Wilhelm Fink Verlag, 2007 [Erstausgabe 1908]

Zabel 2001
Zabel, Jürgen-Konrad: Bilder vom Andern. Kunst und Ethnografie bei Lothar Baumgarten, Diss., Rheinische Friedrich Wilhelms-Universität Bonn, 2001

Zbikowski 1996
Zbikowski, Dörte: Geheimnisvolle Zeichen. Fremde Schriften in der Malerei des 20. Jahrhunderts, Göttingen: Cuvillier, 1996; zugl. Diss., Univ. Marburg, 1995

Zeilinger 2009
Zeilinger, Daniela: Wann haben Sie Klaus Werner kennengelernt... ? Daniela Zeilinger im Gespräch mit Bartnig, Blume, Dammbeck, Girardet, Grimmling, Heinze, Herrmann, Lang, Morgner, Scheib, Schmidt, Vent, Wegewitz, Quevedo, Uhlig, (anlässlich der Ausstellung „Die grüne Tür: Klaus Werner in Berlin", 9.9.–11.10.2009, Galerie Parterre, Berlin), unpubliziert, 2009

Tafeln
1–31

Tafel 1

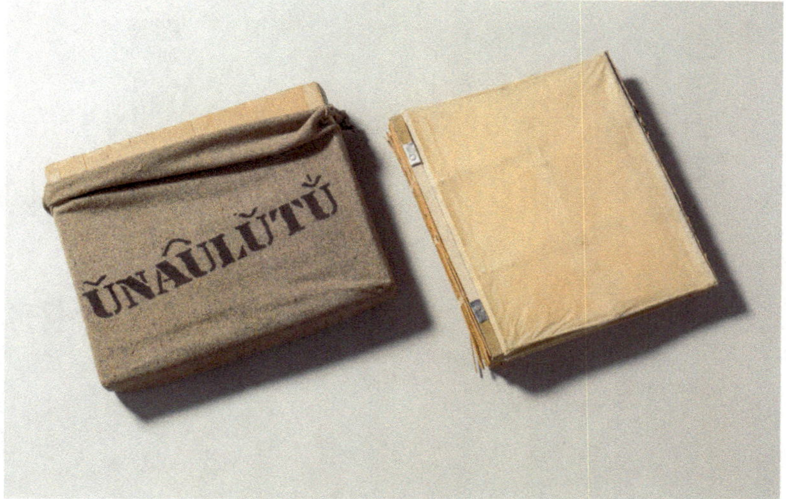

a) Buch mit Schuber und Jutesack

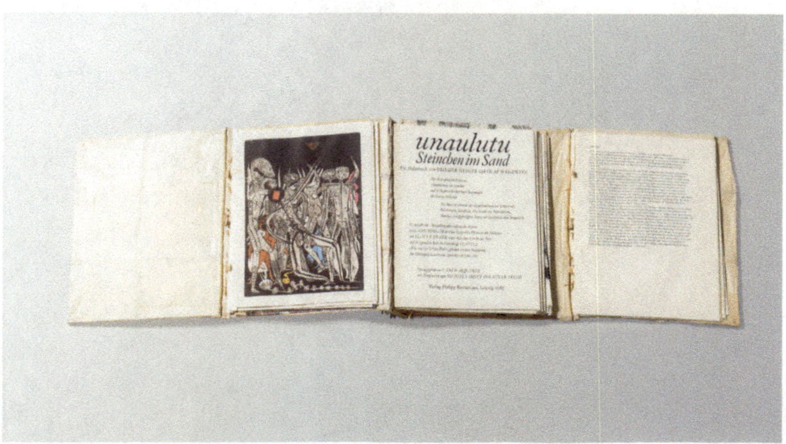

b) Buch vollständig ausgeklappt

Tafel 2

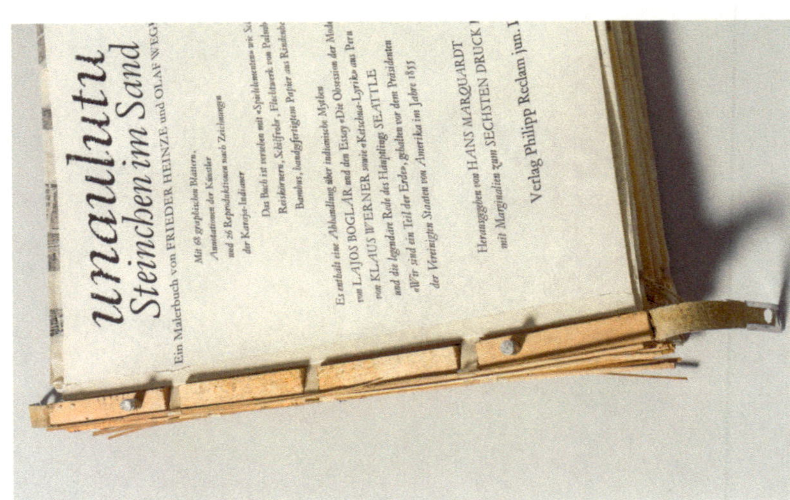

b) Bindung

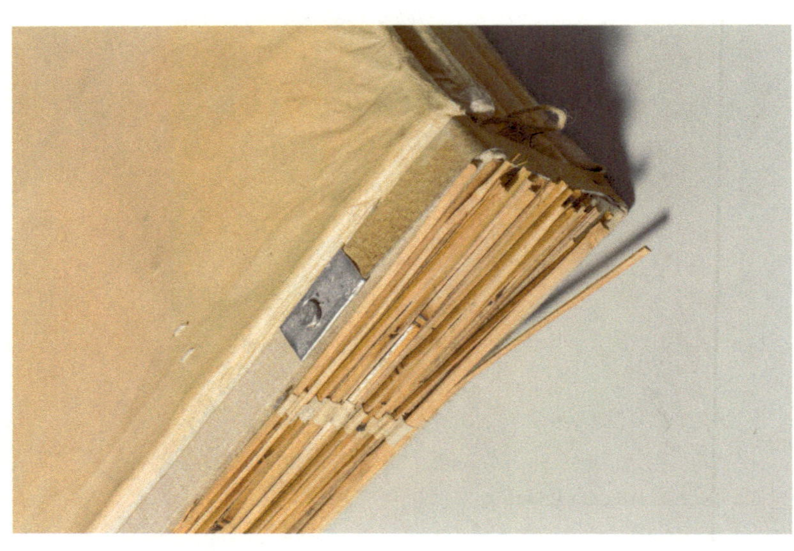

a) Buchrücken

Tafel 3

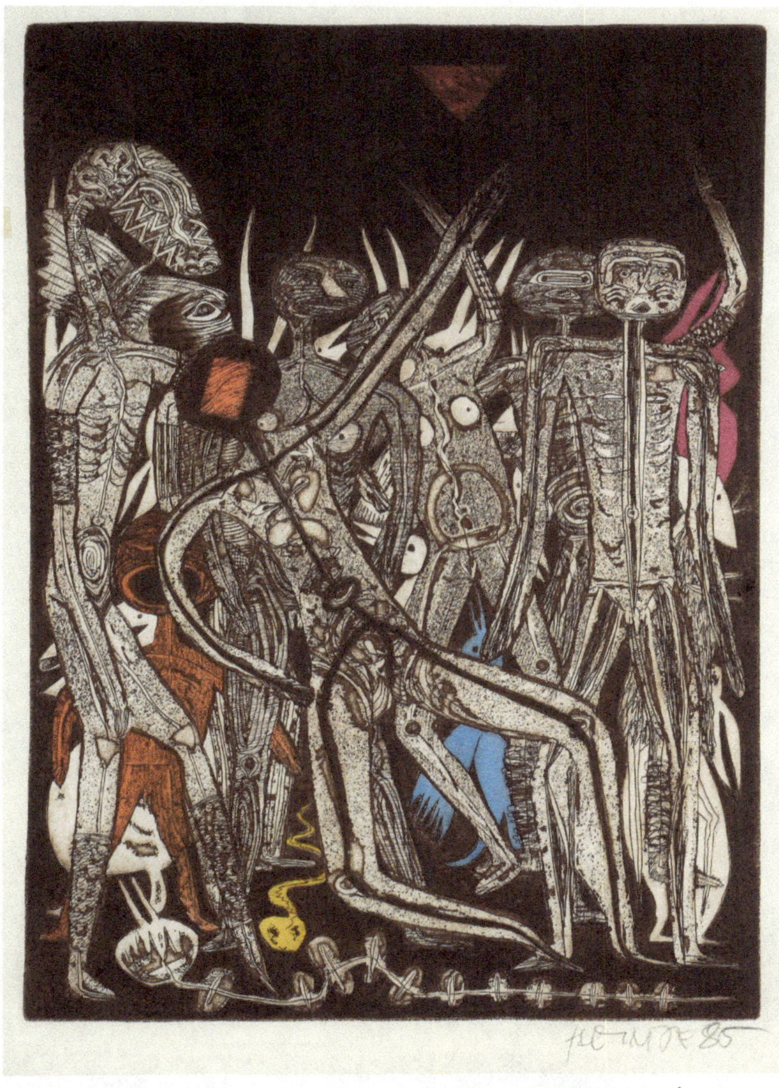

Heinze, Gestürzt – Gefangen, handkolorierte Radierung, 1983 (ŭna͡ulŭtŭ, S. 1)

Tafel 4

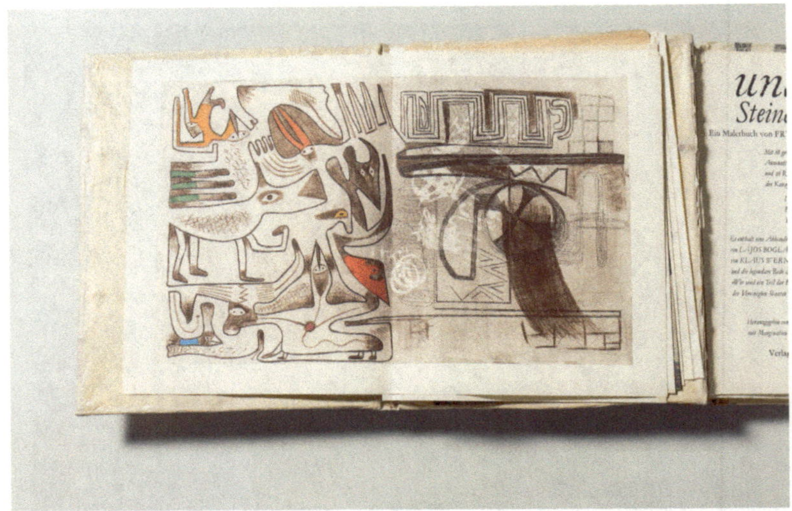

a) Wegewitz, Labyrinth zerstört, handkolorierte Radierung, 1983 (ŭna͡ulŭtŭ, S. 2);
Heinze, Labyrinth, handkolorierte Radierung, 1983 (ŭna͡ulŭtŭ́, S. 3)

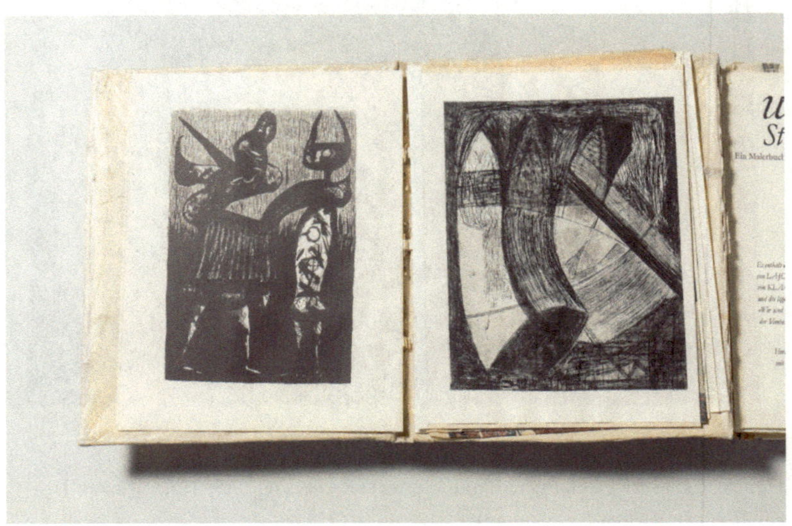

b) Heinze, Paar, Lithografie, 1984 (ŭna͡ulŭtŭ́, S. 4);
Wegewitz, 12/4/84, Radierung, 1984 (ŭna͡ulŭtŭ́, S. 5)

Tafel 5

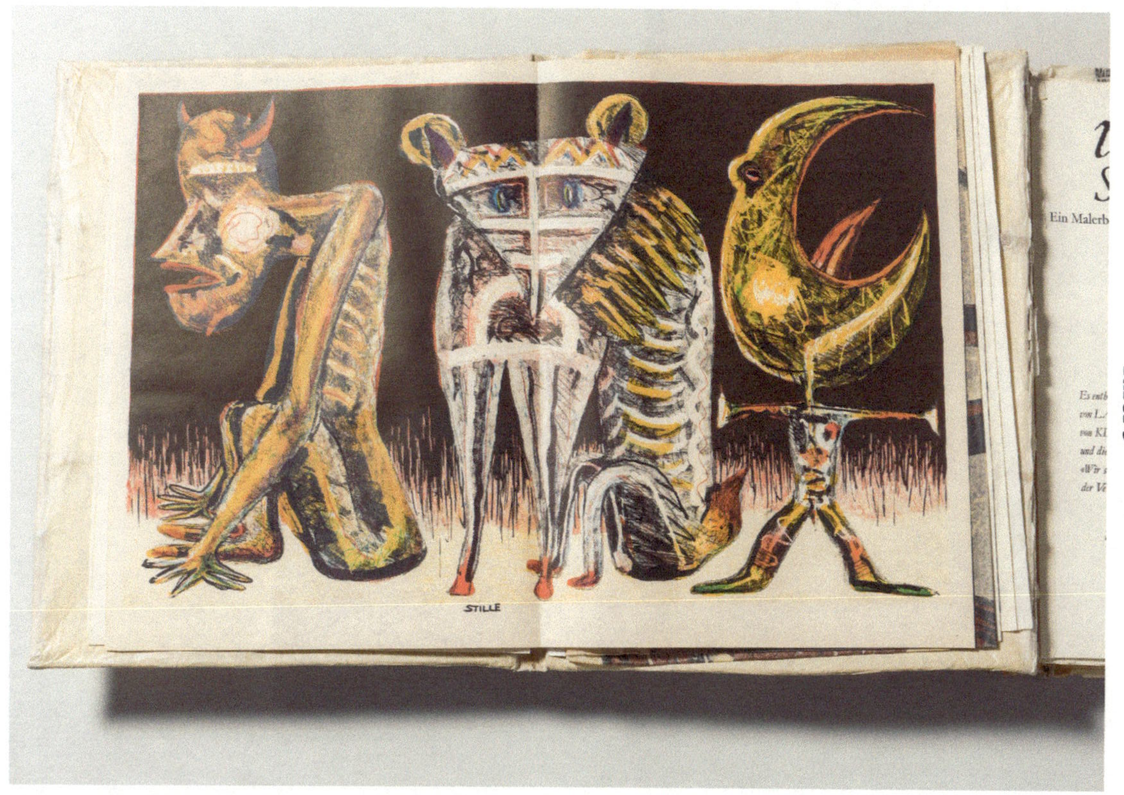

Heinze, Stille, Farbzinklithografie, 1984 (ŭna͡ulŭtŭ́, S. 6)

Tafel 6

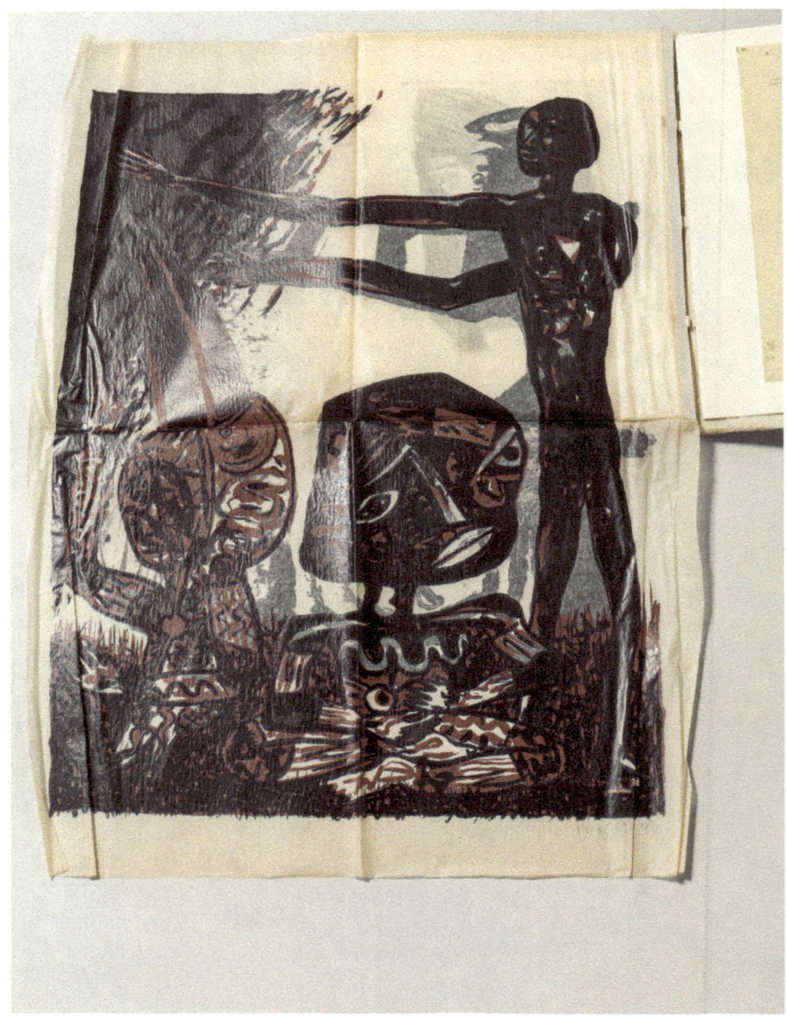

Heinze/Wegewitz, Grünschnabel, Siebdruck auf Seidenpapier, 1985
(ŭna͡ulŭtŭ, S. 8/9)

Tafel 7

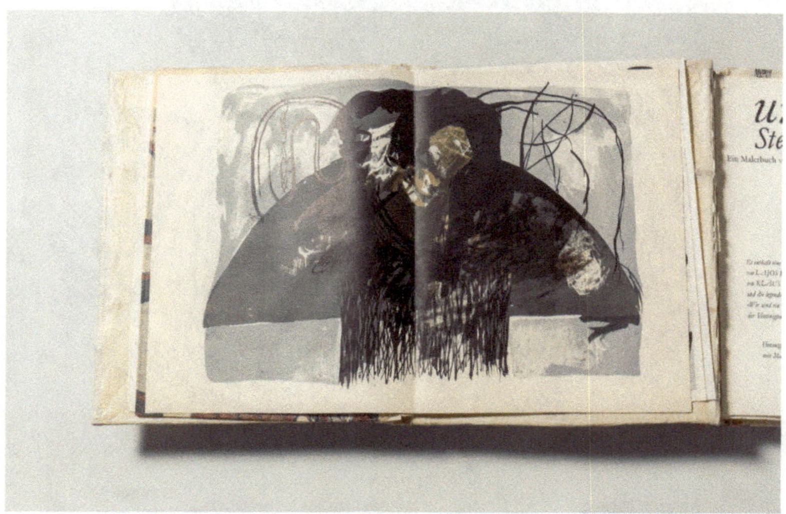

a) Wegewitz, 24/2/84, Farbzinklithografie, 1984 (ŭna͡ulŭtŭ́, S. 11)

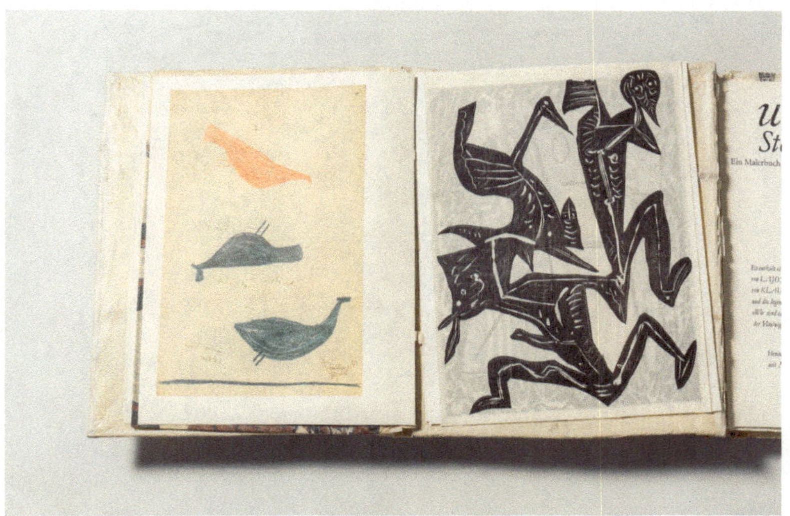

b) Karaja-Zeichnung, Vogel, Farboffset (ŭna͡ulŭtŭ́, S.12);
Heinze, Tanz, Holzschnitt auf Seidenpapier, 1984 (ŭna͡ulŭtŭ́, S. 13)

Tafel 8

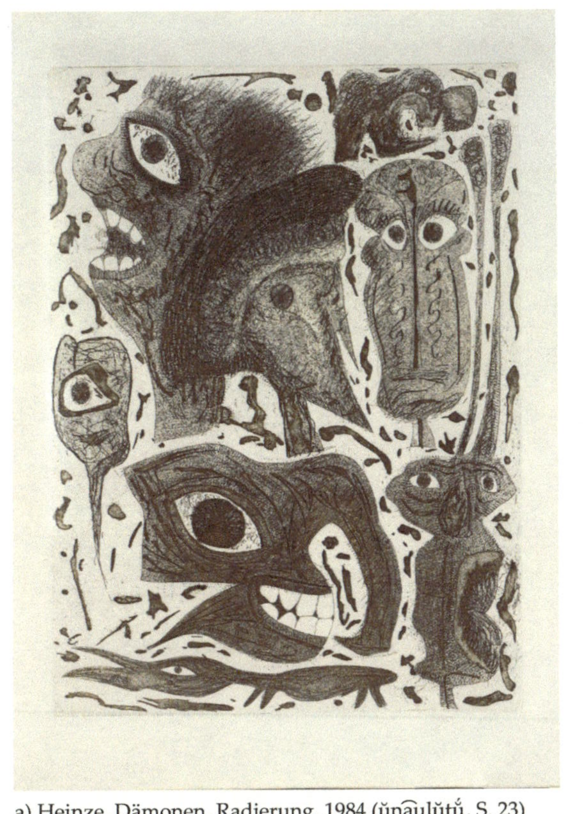

a) Heinze, Dämonen, Radierung, 1984 (ŭn͡aulŭtŭ, S. 23)

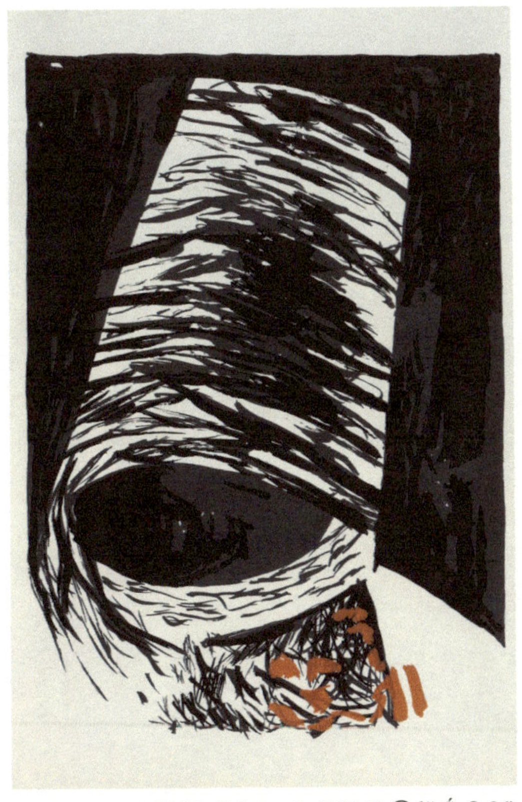

b) Wegewitz, 24/4/84, Siebdruck, 1984 (ŭn͡aulŭtŭ, S. 26)

Tafel 9

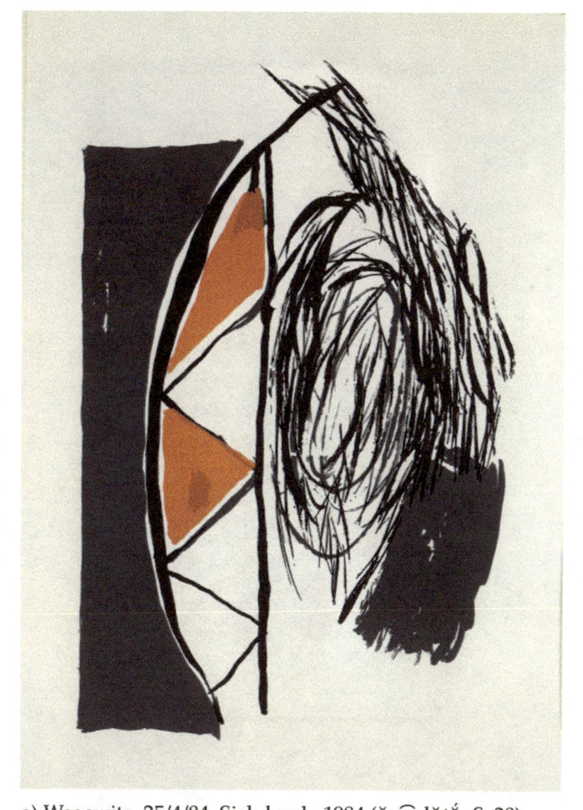

a) Wegewitz, 25/4/84, Siebdruck, 1984 (ŭn͡aulŭtŭ́, S. 28)

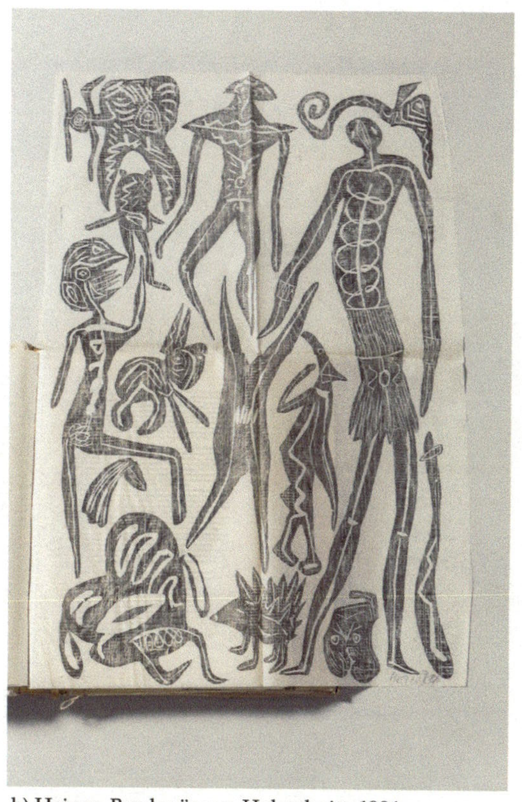

b) Heinze, Beschwörung, Holzschnitt, 1984 (ŭn͡aulŭtŭ́, S. 29)

Tafel 10

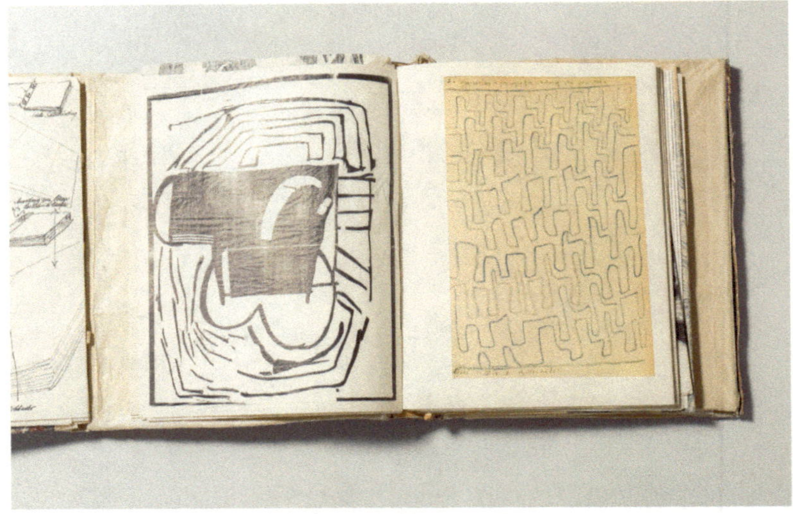

a) Wegewitz, 3/8/84, Holzschnitt, 1984 (ŭna͡ulŭtŭ́, Nr. 33);
Karaja-Zeichnung, Schenkel und Körperseiten, Farboffset (ŭna͡ulŭtŭ́, S. 34)

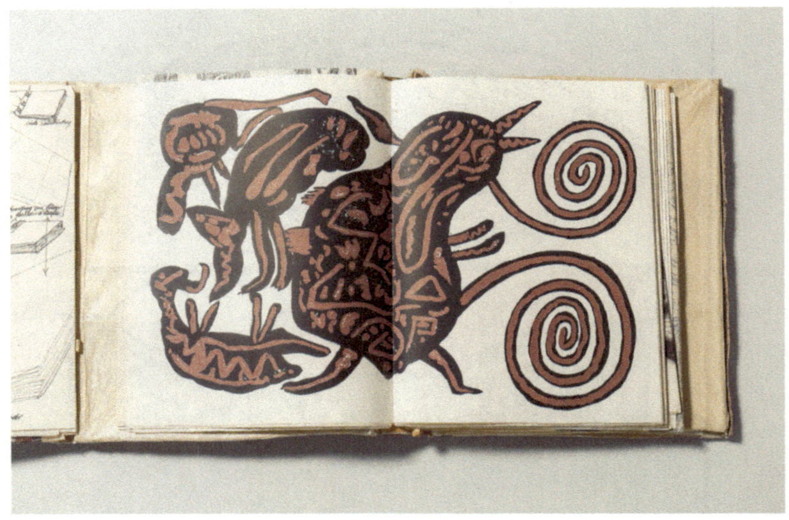

b) Heinze, Tierwelt, Siebdruck, 1984 (ŭna͡ulŭtŭ́, S. 35)

Tafel 11

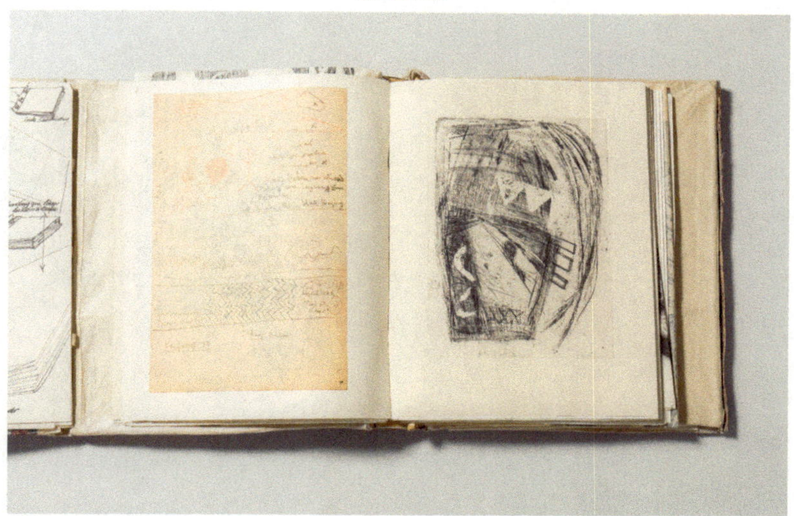

a) Karaja-Zeichnung, Karaja-Dorf 13, Farboffset (ŭna͡ulŭtů, S. 36); Wegewitz, 15/12/84, Radierung, 1984 (ŭna͡ulŭtů, S. 37)

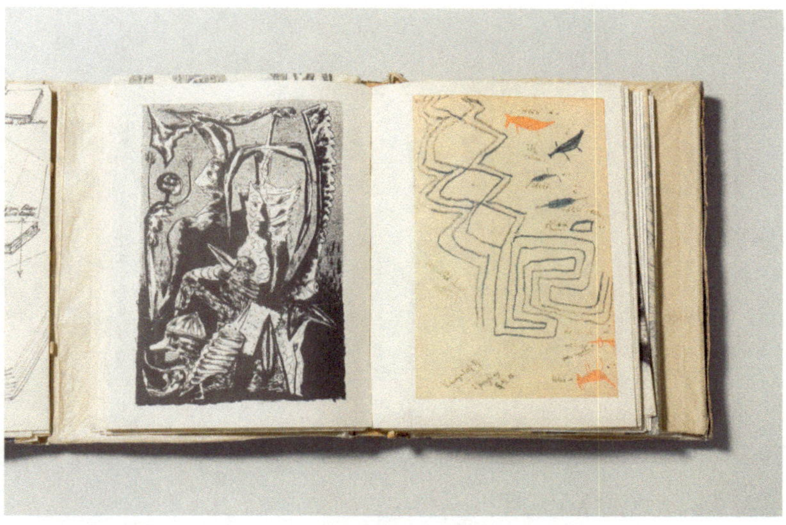

b) Heinze, Am Waldrand, Lithografie, 1984 (ŭna͡ulŭtů, S. 39); Karaja-Zeichnung, Gewehr, Farboffset (ŭna͡ulŭtů, S. 49)

Tafel 12

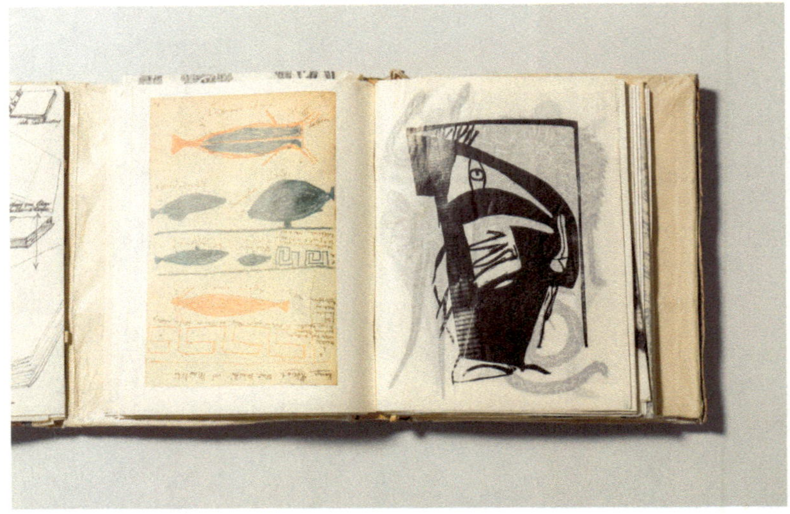

a) Karaja-Zeichnung, Pirauya, Farboffset (ŭn͡aulŭtŭ́, S. 42);
Wegewitz, 3/9/84, Holzschnitt, 1984 (ŭn͡aulŭtŭ́, S. 43)

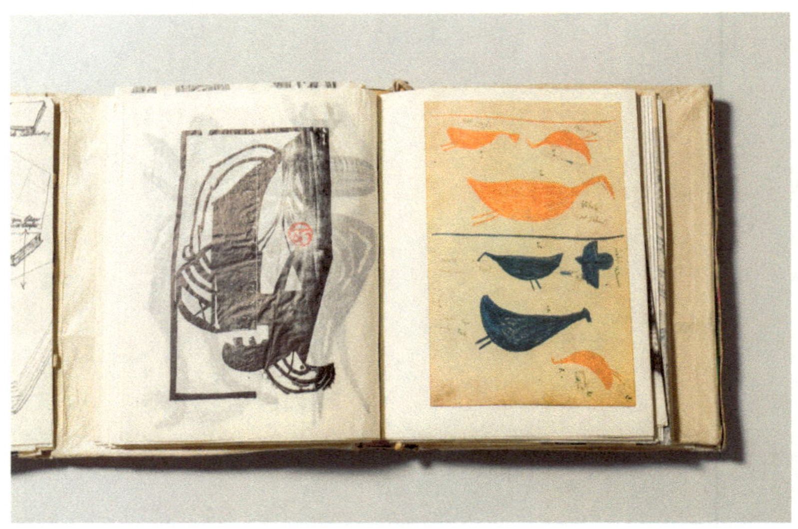

b) Wegewitz, 4/9/84, Holzschnitt, 1984 (ŭn͡aulŭtŭ́, S. 45);
Karaja-Zeichnung, Fledermaus, Farboffset (ŭn͡aulŭtŭ́, S. 46)

Tafel 13

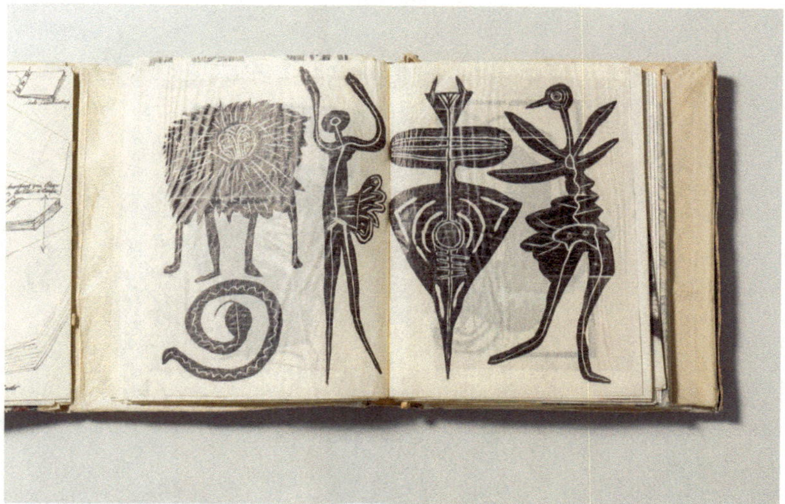

a) Heinze, Fetische, Holzschnitt, 1984 (ŭna͡ulŭtŭ́, S. 44)

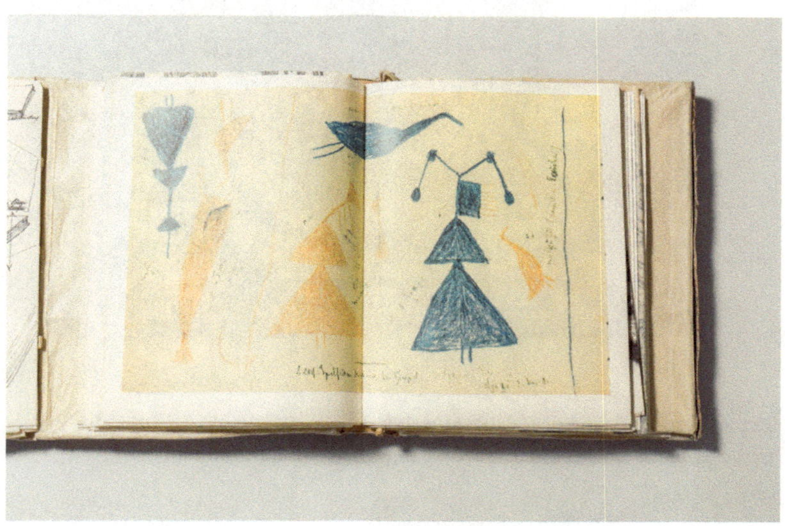

b) Karaja-Zeichnung, Tier-Maske, Farboffset (ŭna͡ulŭtŭ́, S. 47)

Tafel 14

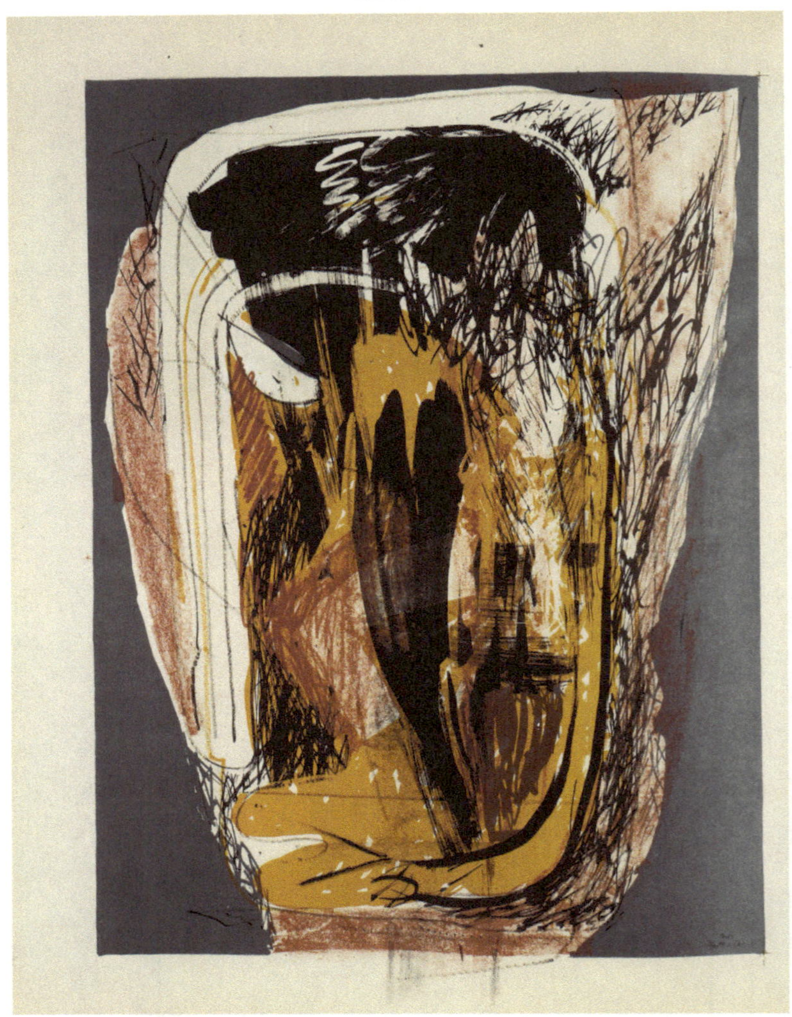

Wegewitz, Kopf I, Siebdruck, 1984 (Im Inhaltsverzeichnis von ŭna͡ulŭtǘ ist an dieser Stelle eine Leerseite „vacat“ angegeben. ŭna͡ulŭtǘ, S. 48)

Tafel 15

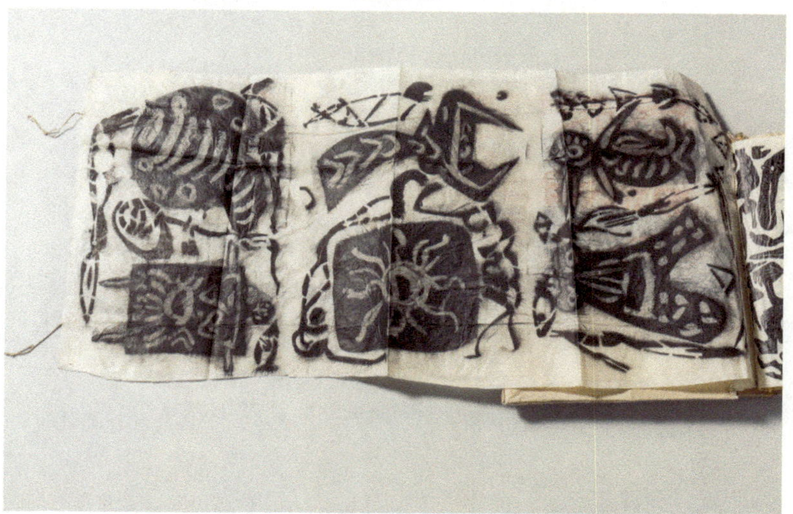

a) Heinze, Zeichen, Schablonenzeichnung und einkaschiertes Garn, 1984 (ŭna͡ulŭtŭ́, S. 55)

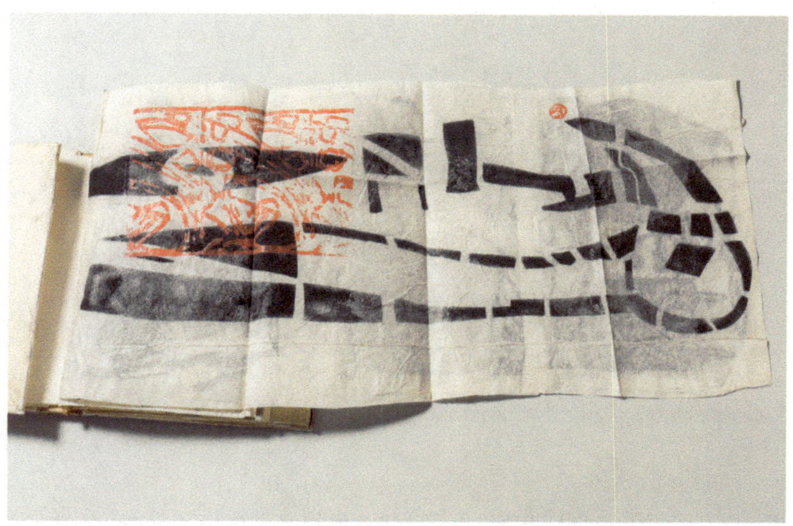

b) Wegewitz, Zeichen, Schablonenzeichnung und einkaschiertes Garn, 1984 (ŭna͡ulŭtŭ́, S. 55)

Tafel 16

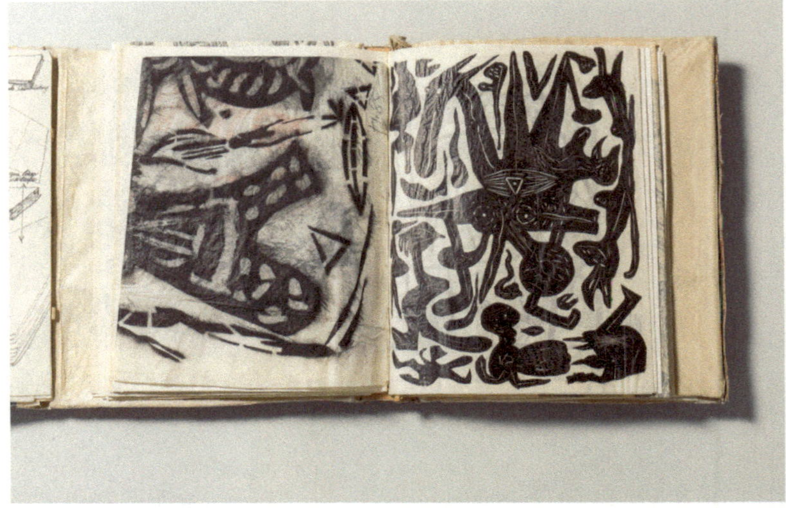

a) Heinze, Traum, Holzschnitt, 1984 (ŭn͡aulŭtŭ́, S. 56)

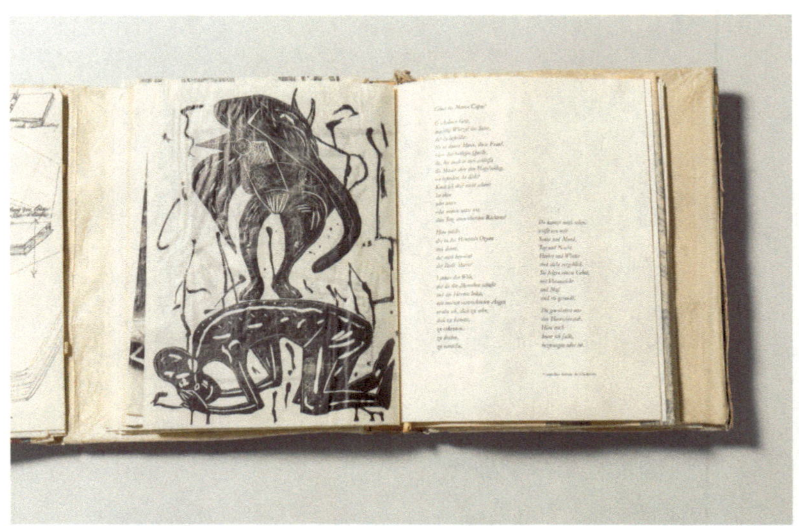

b) Heinze, Aggression, Holzschnitt, 1984 (ŭn͡aulŭtŭ́, S. 58);
Ketschua-Lyrik (ŭn͡aulŭtŭ́, S. 95)

Tafel 17

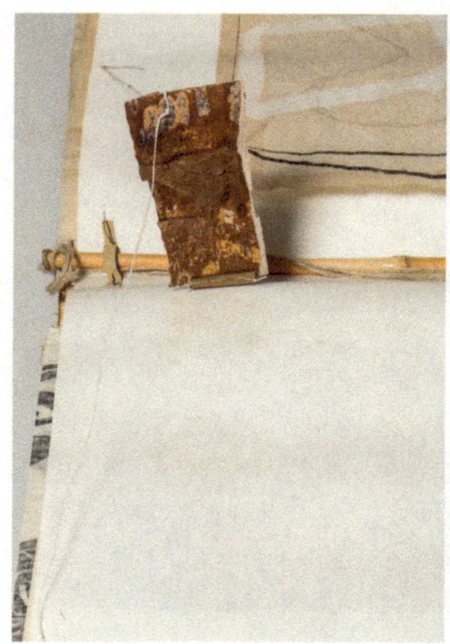

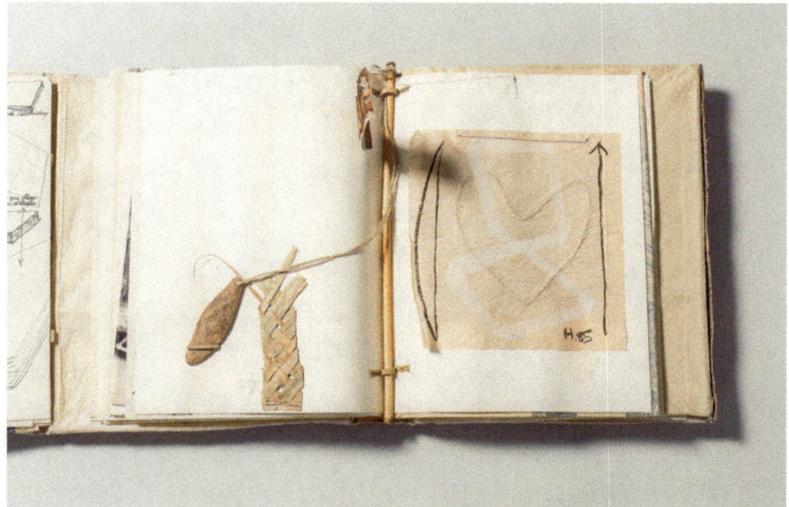

Heinze/Wegewitz, Kulturvergleich I, Palmblattflechtarbeit, Schwirrholz, Birkenrinde, Papiercollage, 1984 (ŭna͡ulŭtŭ́, S. 60)

Tafel 18

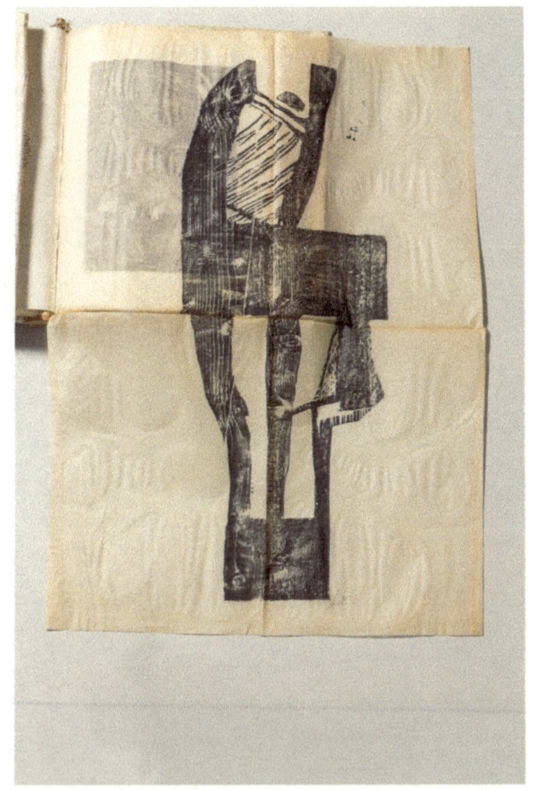

a) Wegewitz, 30/1/83, Holzschnitt, 1983 (ŭn͡aulŭtů̆, S. 62)

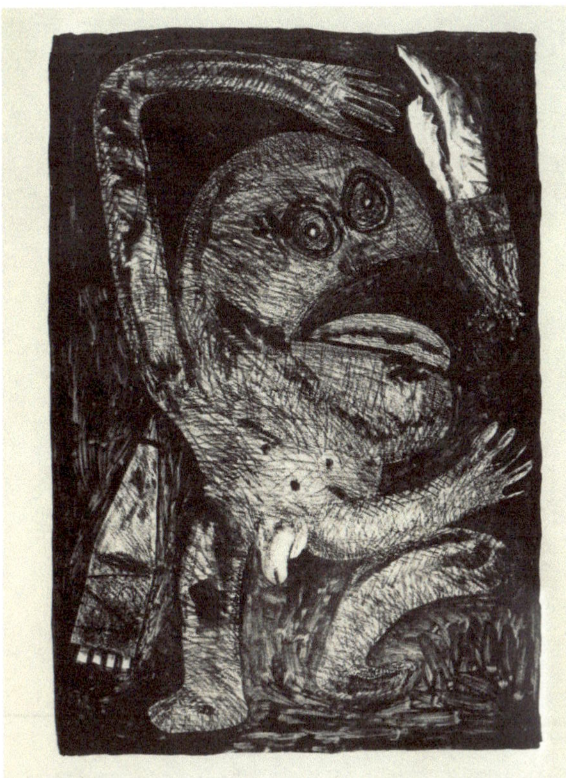

b) Heinze, Unhold, Lithografie, 1983 (ŭn͡aulŭtů̆, S. 63)

Tafel 19

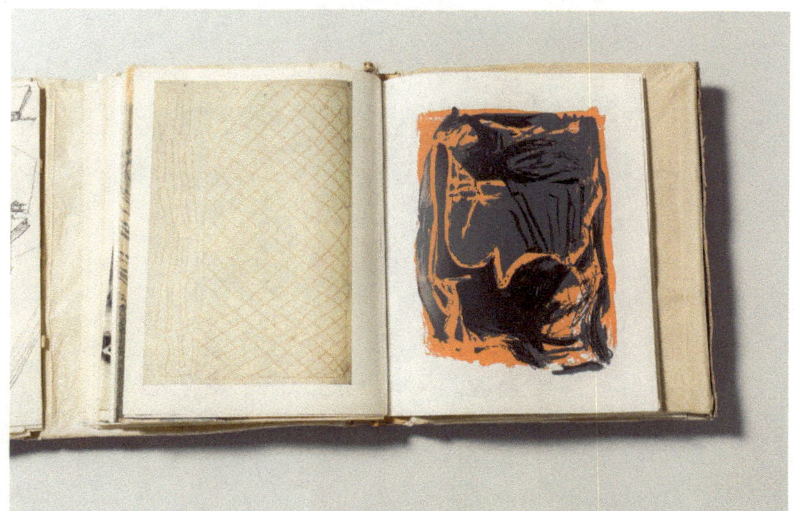

a) Karaja-Zeichnung, 1. 2., Farboffset (ŭn͡aulŭtŭ́, S. 68); Wegewitz, Titel unbekannt, Lithografie (Im Inhaltsverzeichnis von ŭn͡aulŭtŭ́ ist an dieser Stelle die Grafik „Kopf I" von Wegewitz, Siebdruck, 1984 angegeben. ŭn͡aulŭtŭ́, S. 69)

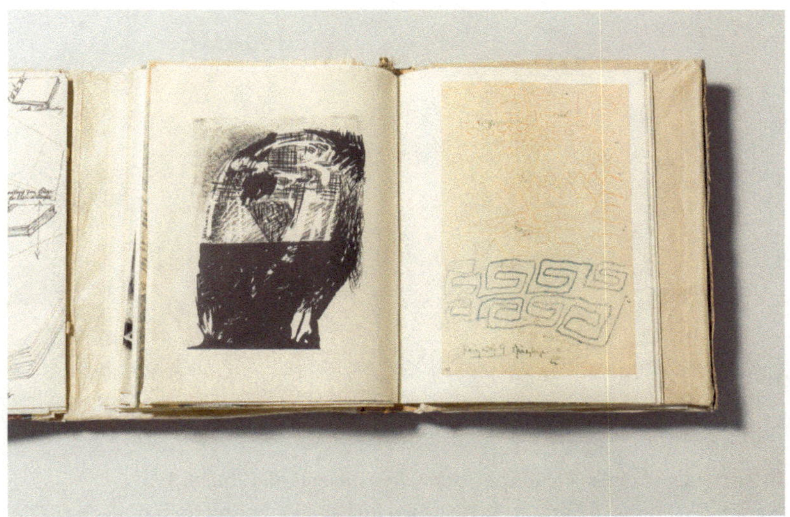

b) Wegewitz, Kopf II, Lithografie, 1985 (ŭn͡aulŭtŭ́, S. 71); Karaja-Zeichnung, Korbflechtmuster, Farboffset (ŭn͡aulŭtŭ́, S. 72)

Tafel 20

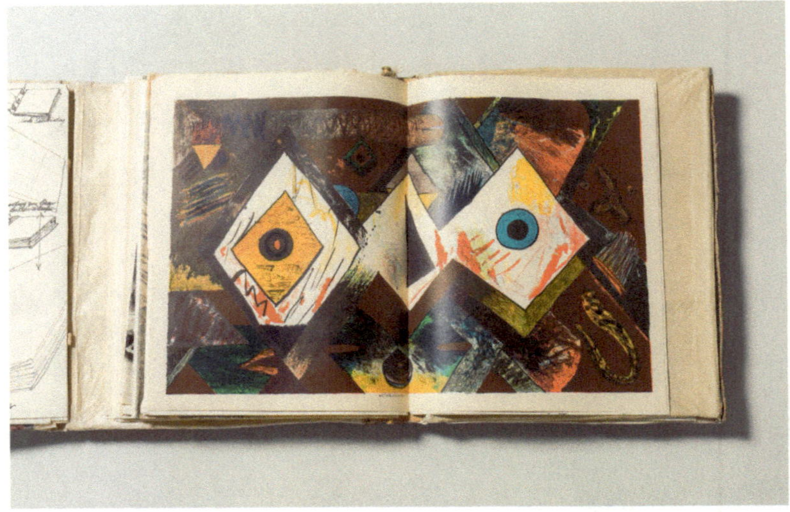

a) Heinze, Wetterleuchten, Farbzinklothografie, 1983 (ŭna͡ulŭtŭ́, S. 82)

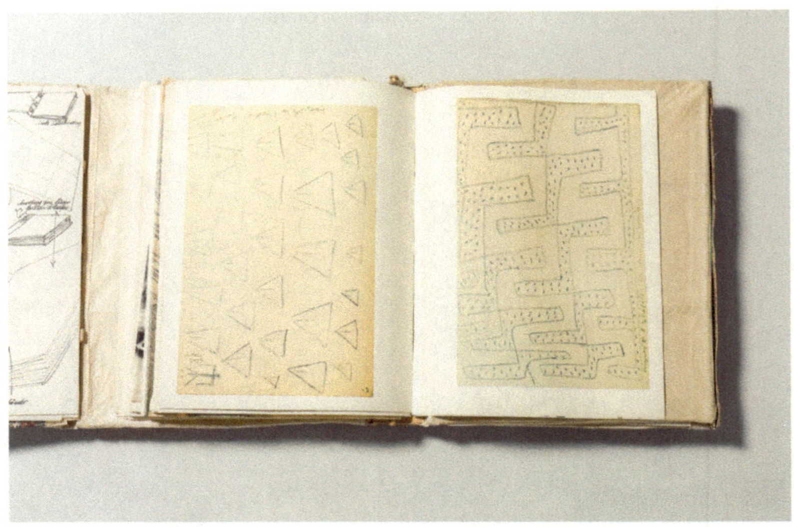

b) Karaja-Zeichnung, Weibliche Scham, Farboffset (ŭna͡ulŭtŭ́, S. 81);
Karaja-Zeichnung, ŭna͡ulŭtŭ́ – Steinchen im Sand Farboffset (ŭna͡ulŭtŭ́, S. 85)
(entspricht nicht der im Inhaltsverzeichnis angegebenen Reihenfolge)

Tafel 21

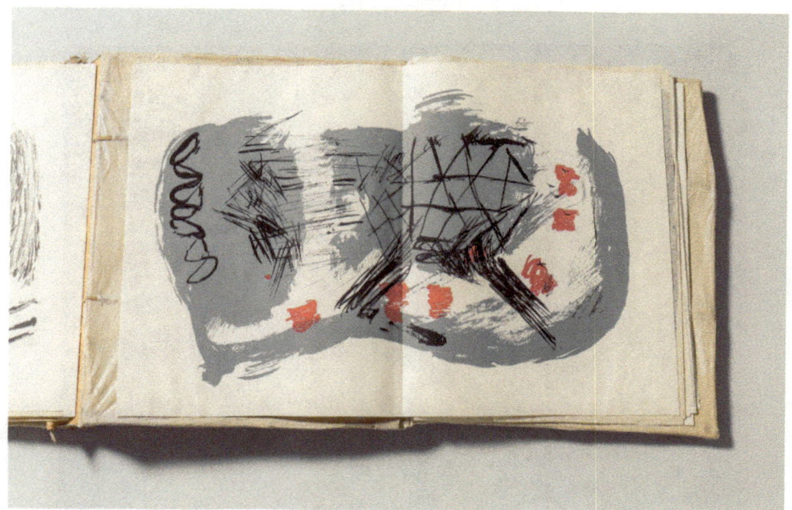

a) Wegewitz, 27/2/84, Siebdruck, 1984 (ŭna͡ulŭtŭ́, S. 91)

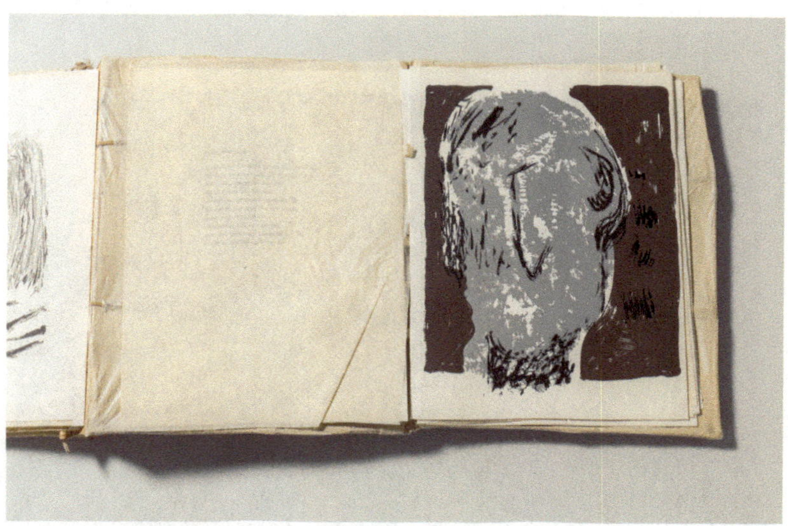

b) Wegewitz, Kopf III, Farbzinklothografie, 1984 (ŭna͡ulŭtŭ́, S. 93)

Tafel 22

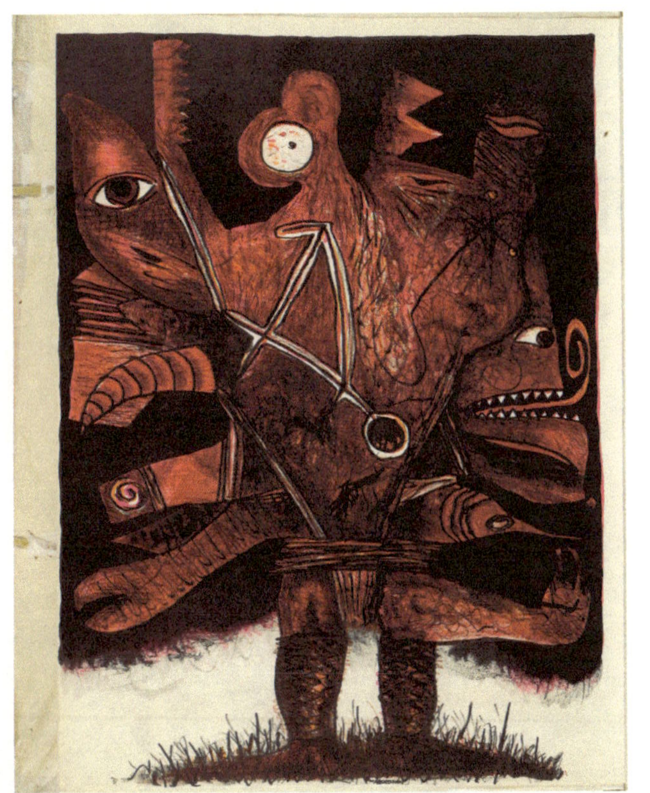

a) Heinze, Bedrohung, Farbzinklithografie, 1984
(ŭn͡aulŭtŭ́, S. 94)

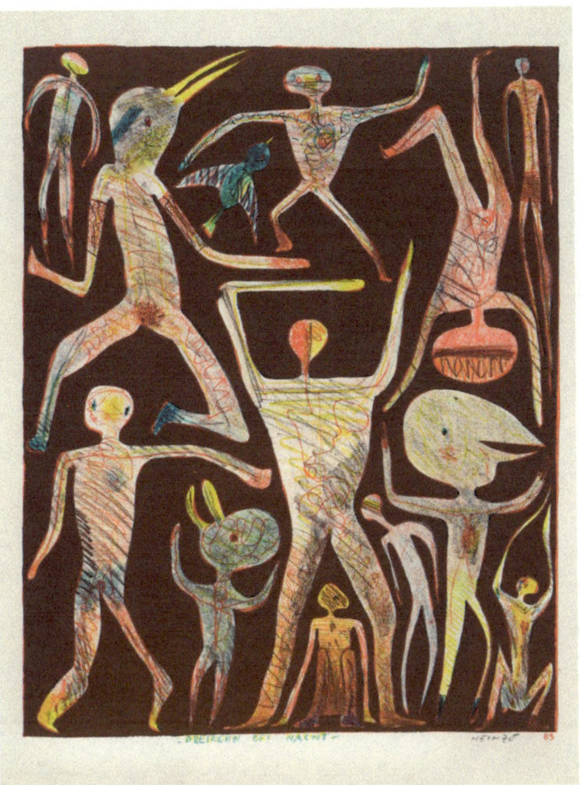

b) Heinze, Dreizehn bei Nacht, Farbzinklithografie, 1983
(ŭn͡aulŭtŭ́, S. 95)

Tafel 23

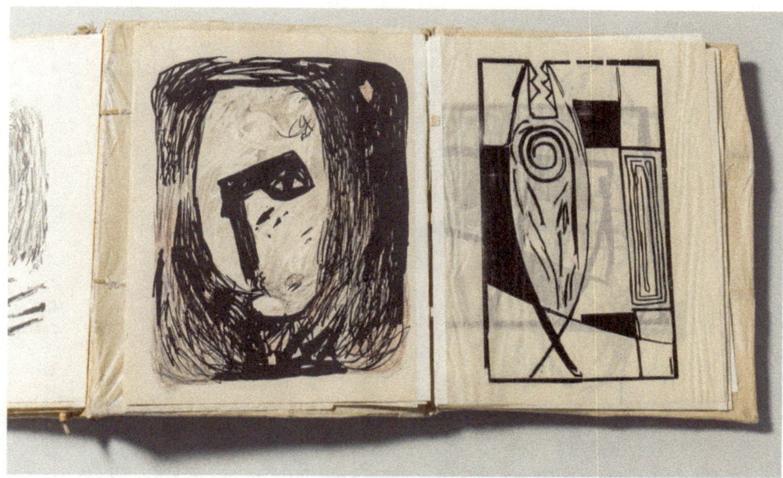

a) Wegewitz, Kopf IV, Farbzinklithografie, 1984 (ŭna͡ulŭtŭ́, S. 96);
Wegewitz 12/10/84, Holzschnitt, 1984 (ŭna͡ulŭtŭ́, S. 97)

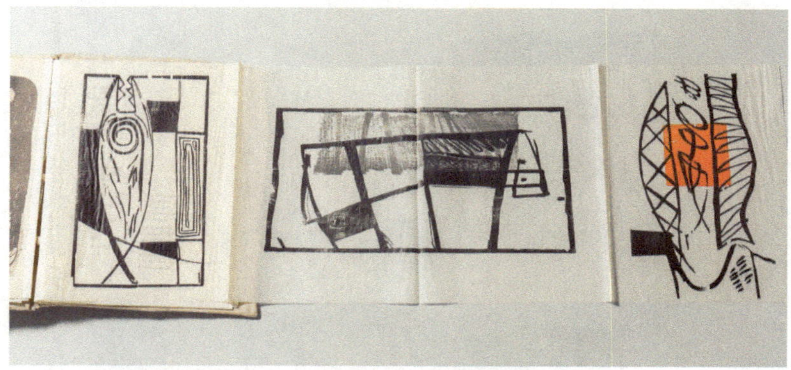

b) Wegewitz 12/10/84, Holzschnitt, 1984 (ŭna͡ulŭtŭ́, S. 97);
Wegewitz, Kuh, Holzschnitt, 1984 (ŭna͡ulŭtŭ́, S. 98);
Wegewitz, 13/10/84, Holzschnitt, 1984 (ŭna͡ulŭtŭ́, S. 99)

Tafel 24

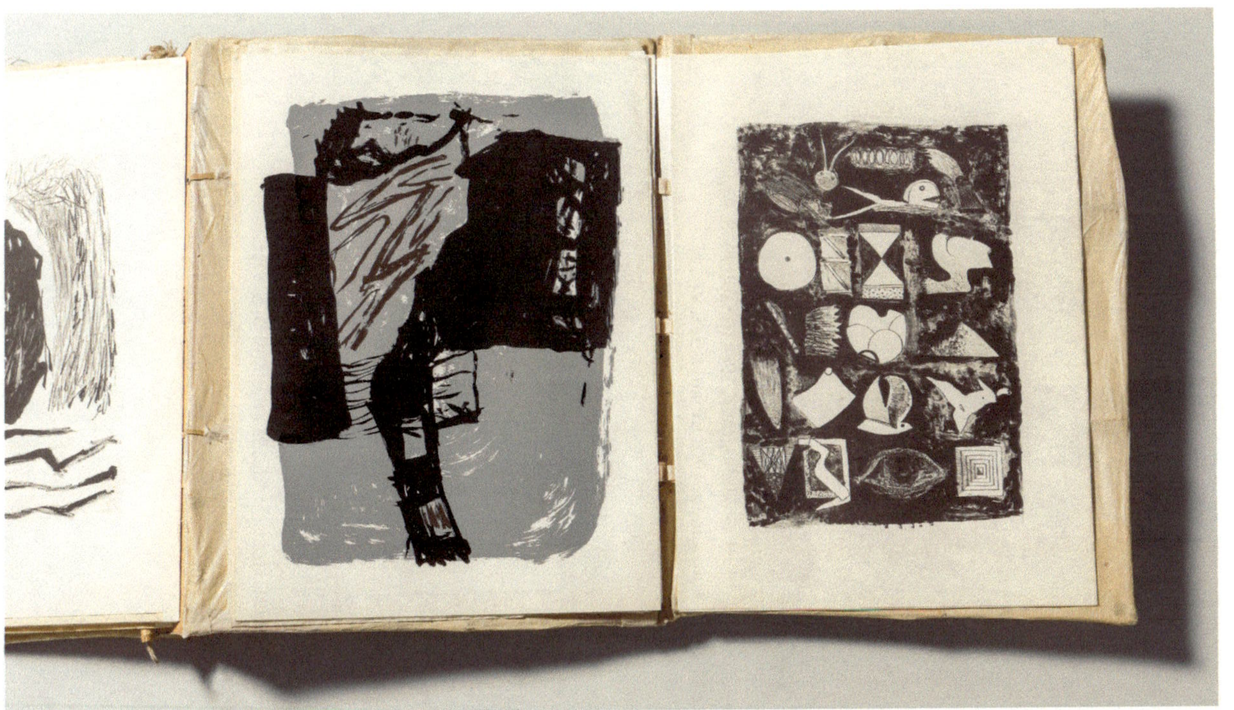

Wegewitz, 13/7/84, Siebdruck, 1984 (ŭn͡aulŭtŭ́, S. 103); Heinze, Sterne, Lithografie, 1983 (ŭn͡aulŭtŭ́, S. 104)

Tafel 25

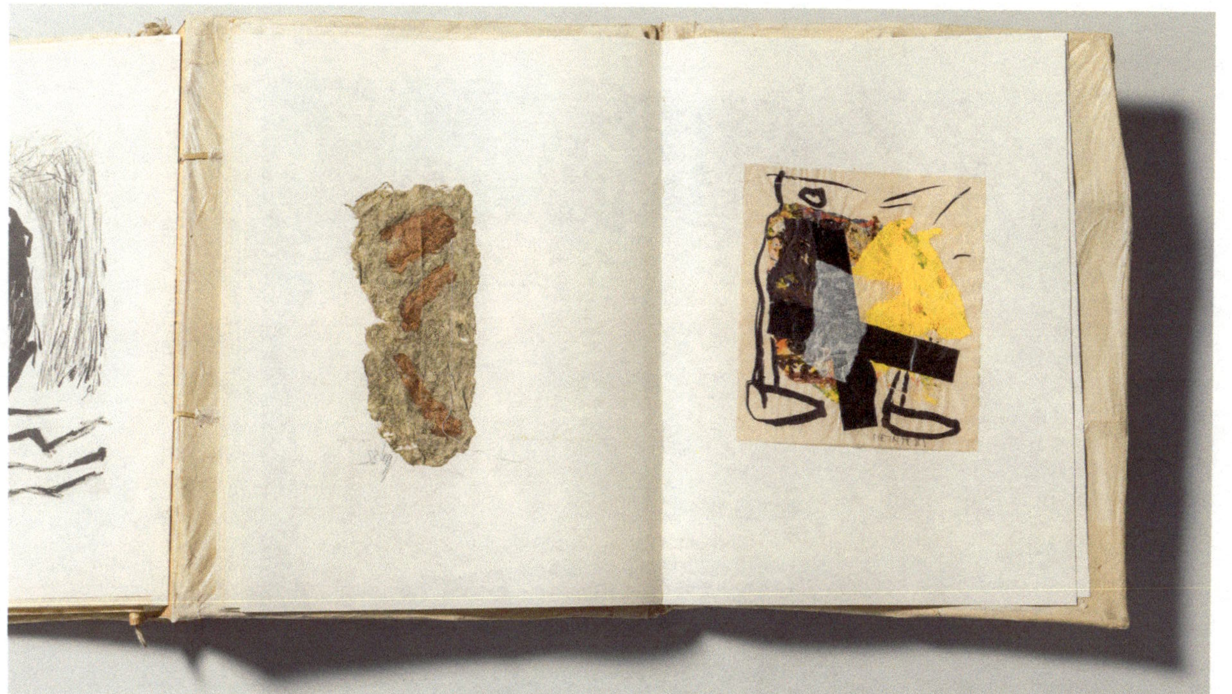

Heinze/Wegewitz, Kulturvergleich II, hand-made-paper aus Brennnesseln und Pflaumenrindenbast, Amatel (Wegewitz) sowie Papiercollage Kreuzung (Heinze), 1984 (ŭna͡ulŭtŭ́, S. 105)

Tafel 26

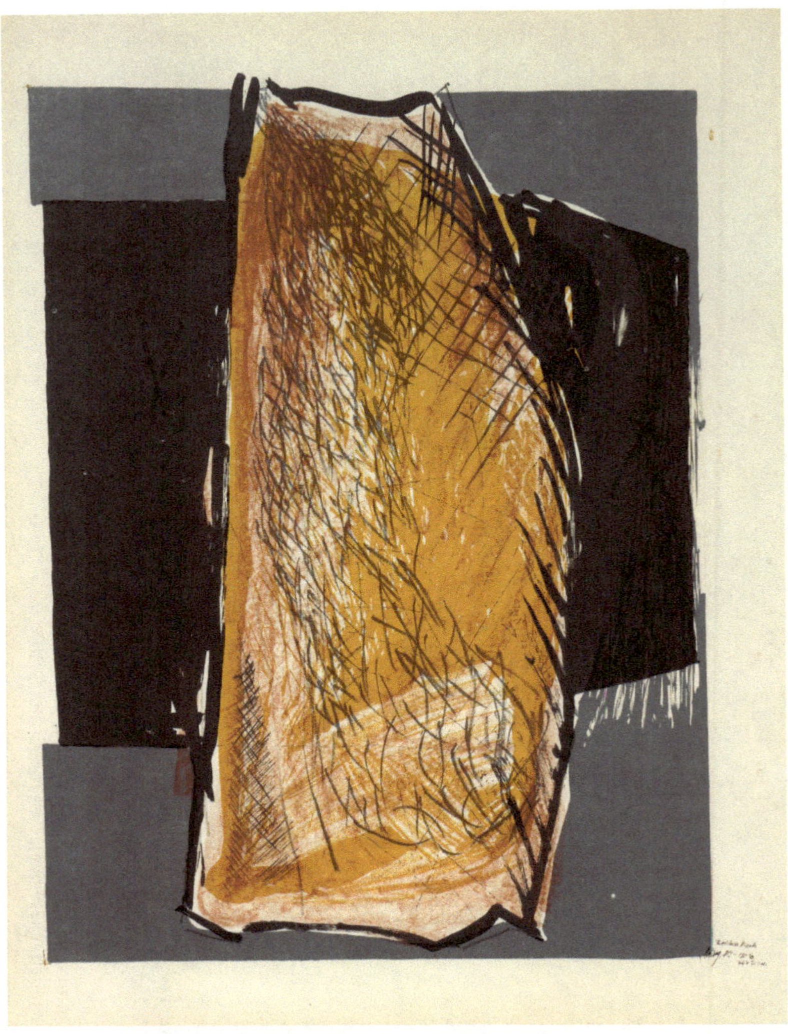

Wegewitz, Korb, Farbzinklithografie, 1983 (ŭn͡aulŭtŭ́, S. 106)

Tafel 27

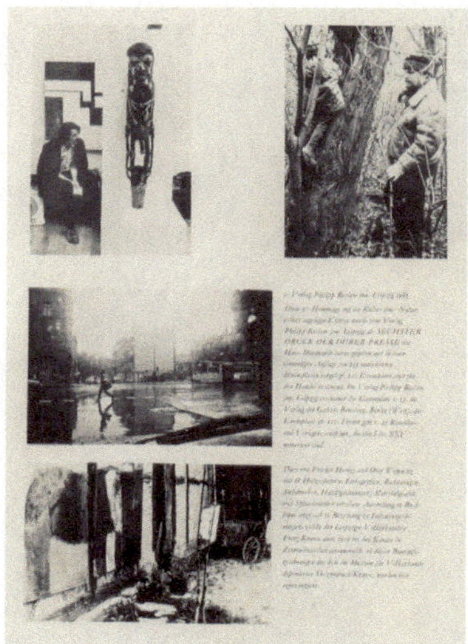

a) Impressum (ŭna͡ulŭtŭ́, S. 107)

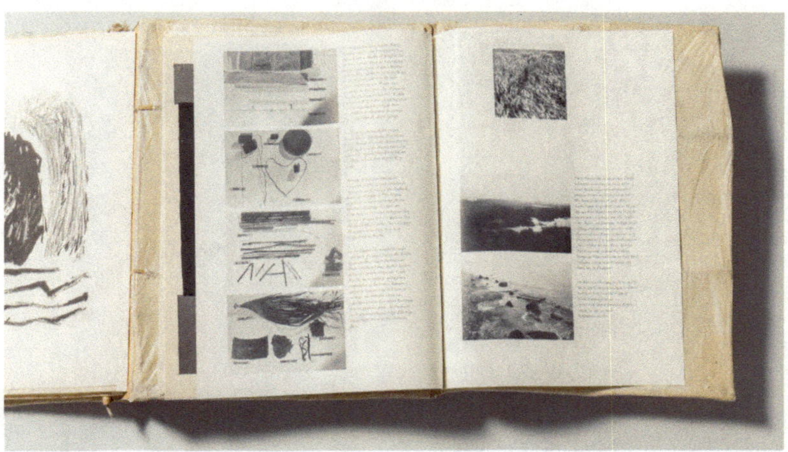

b) Impressum (ŭna͡ulŭtŭ́, S. 108)

Tafel 28

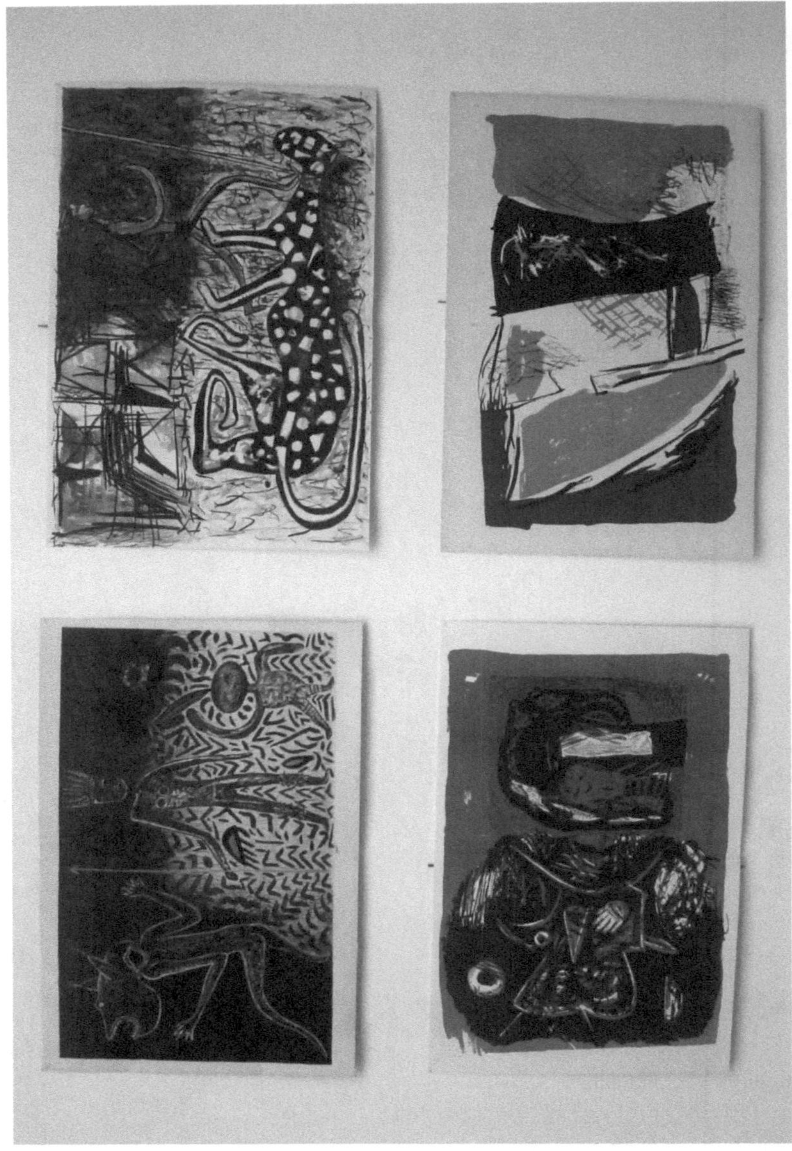

l. o.) Heinze, Jagd, Farbzinklithografie, 1983 (ŭna͡ulŭtŭ́, S. 88)
l. u.) Heinze/Wegewitz, Ausgeweidet, Irisdruck von Zinkplatte, 1984 (ŭna͡ulŭtŭ̋, S. 38)
r. o.) Heinze/Wegewitz, Schwarzer Leopard, Farbzinklithografie, 1984 (ŭna͡ulŭtŭ̋, S. 24)
r. u.) Wegewitz, 16/10/83, Farbzinklithografie, 1983 (ŭna͡ulŭtŭ̋, S. 50)

Hängung in der Ausstellung „Vom Klebeband zum Künstlerbuch“,
08.3.–28.5.2012, Museum der Bildenden Künste, Leipzig

Tafel 29

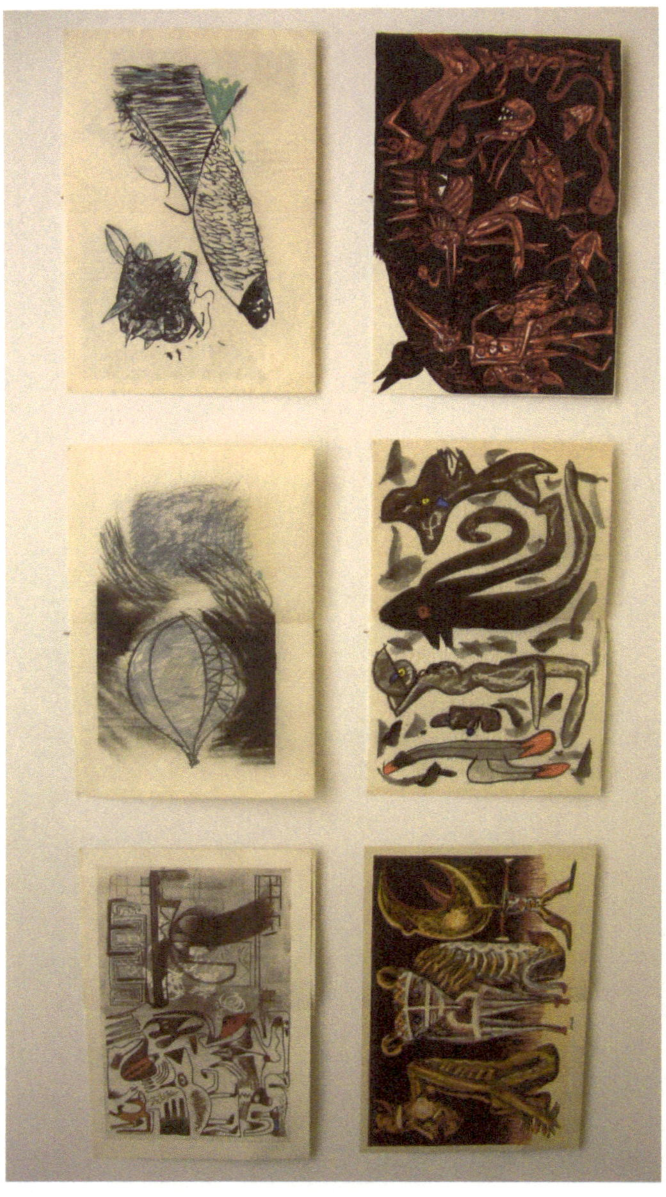

l. o.) Wegewitz, Labyrinth, zerstört, handkolorierte Radierung, 1983 (ŭna͡ulŭtŭ́, S. 2);
Heinze, Labyrinth, handkolorierte Radierung, 1983 (ŭna͡ulŭtŭ̋, S. 3)

l. u.) Heinze, Stille, Farbzinklithografie 1984 (ŭna͡ulŭtŭ́, S. 6)

m. o.) Wegewitz, Herbstsalon, Originalzeichnung, Tusche, Farbstoff, Graphit, 1984 (ŭna͡ulŭtŭ́, S. 41)

m. u.) Heinze, Flugzeichen“, Pinselzeichnung, Tusche, Wachs, Kasein, 1984 (ŭna͡ulŭtŭ́, S. 70)

r. o.) Heinze/Wegewitz, Fisch, Siebdruck, 1984 (ŭna͡ulŭtŭ́, S. 27)

r. u.) Heinze, Im Wald, Siebdruck, 1984 (ŭna͡ulŭtŭ́, S. 53)

Hängung in der Ausstellung „Vom Klebeband zum Künstlerbuch“,
08.3.–28.5.2012, Museum der Bildenden Künste, Leipzig

Tafel 30

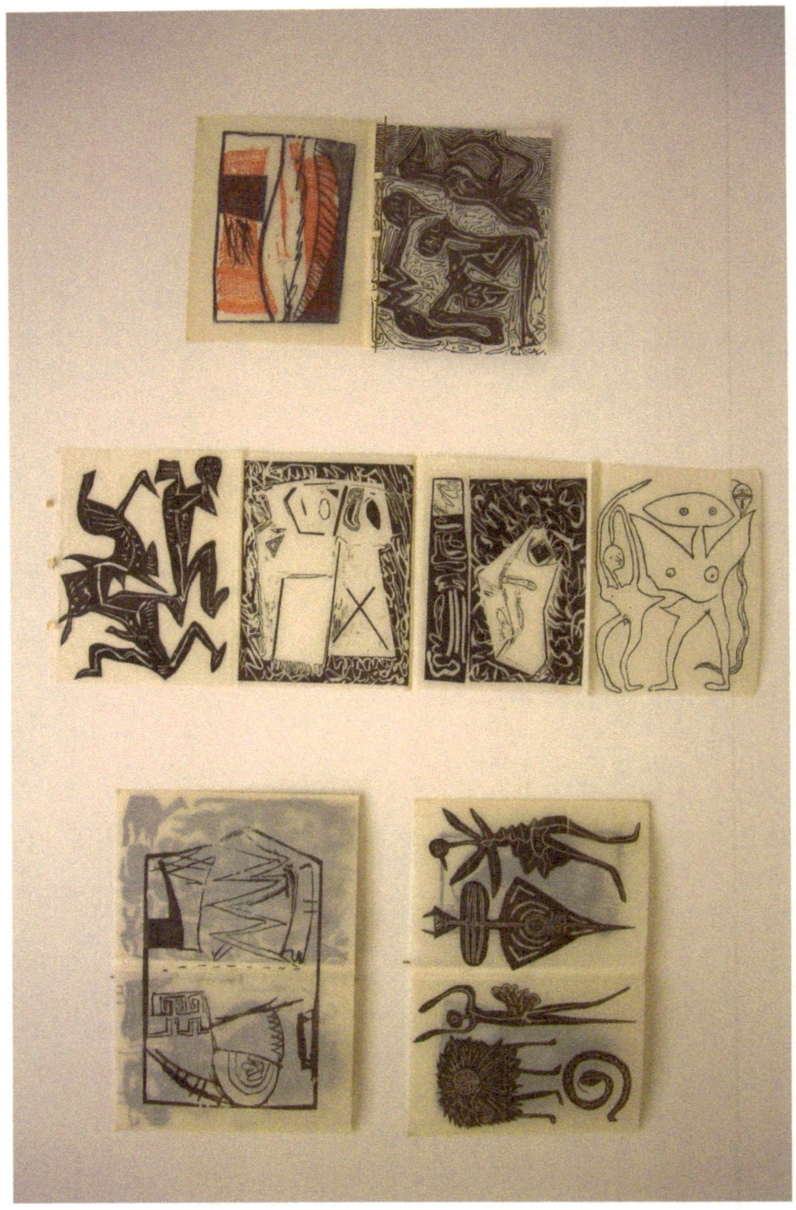

l. o.) Wegewitz, 23/10/84, Holzschnitt, 1984 (ŭna͡ulŭtŭ́, S. 57)

l. u.) Heinze, Fetische, Holzschnitt, 1984 (ŭna͡ulŭtŭ́, S. 44)

m. o.) Heinze, Tanz, Holzschnitt auf Seidenpapier, 1984 (ŭna͡ulŭtŭ́, S. 13)

m. m.) Wegewitz, 15/8/84, Holzschnitt auf Seidenpapier, 1984 (ŭna͡ulŭtŭ́, S. 14); Wegewitz, 16/8/84, Holzschnitt auf Seidenpapier, 1984 (ŭna͡ulŭtŭ́, S. 15)

m. u.) Heinze, Mythos, Holzschnitt auf Seidenpapier, 1984 (ŭna͡ulŭtŭ́, S. 16)

r. o.) Wegewitz, 8/6/84, Holzschnitt, 1984 (ŭna͡ulŭtŭ́, S. 76)

r. u.) Heinze, Nacht, Holzschnitt, 1984 (ŭna͡ulŭtŭ́, S. 77)

Hängung in der Ausstellung „Vom Klebeband zum Künstlerbuch“, 08.3.–28.5.2012, Museum der Bildenden Künste, Leipzig

Tafel 31

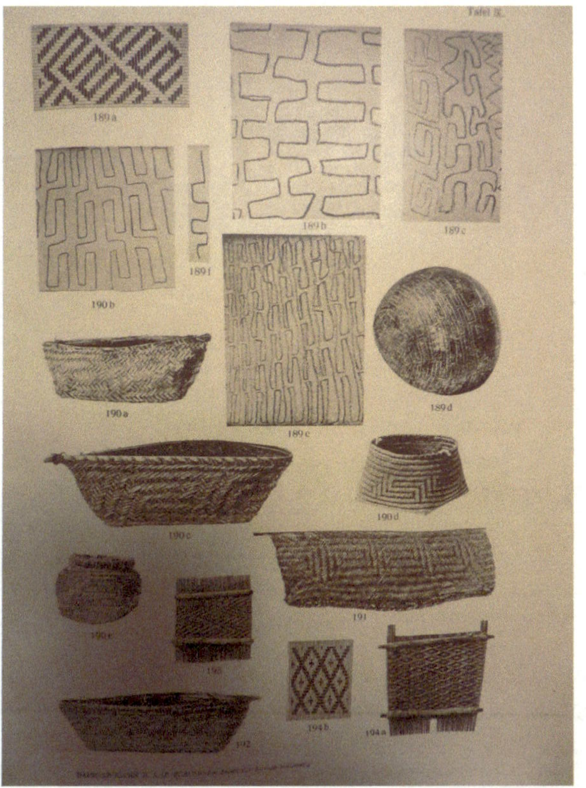

a) Krause 1911a, Taf. IX

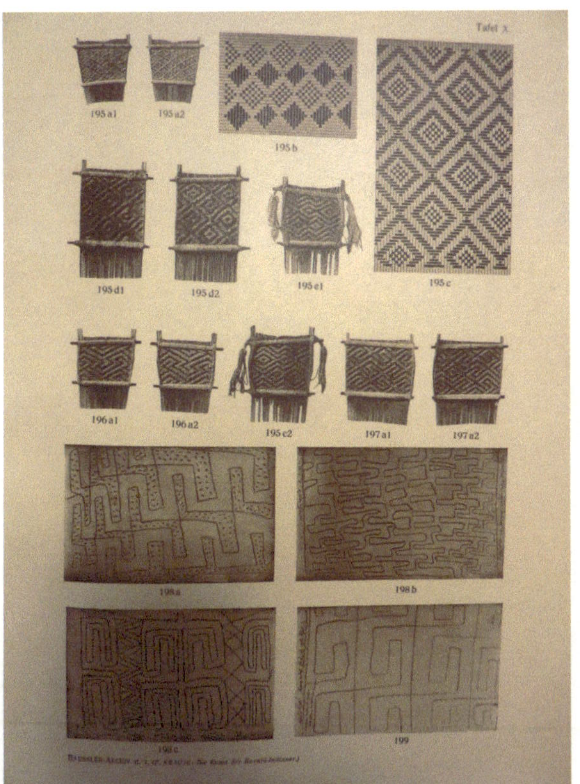

b) Krause 1911a, Taf. X

Abbildungsnachweis

Taf. 1 bis 27, Umschlagabbildung: ŭna͡ulŭtŭ, Ex. Nr. 45/55. © für Olaf Wegewitz beim Künstler, für Frieder Heinze bei VG Bild-Kunst, Bonn 2015. Die fotografische Dokumentation übernahm das Fotostudio Vonderlind. Der Abdruck erfolgte mit freundlicher Genehmigung des Eigentümers Ludwig Pohlmann.

Die darunter befindlichen Abbildungen auf den Tafeln 7-b, 10-a, 11-a und -b, 12-a und -b, 13-b, 19-a und b sowie 20-b zeigen u. a. die in ŭna͡ulŭtŭ abgedruckten Reproduktionen der Karajá-Zeichnungen aus dem Skizzenbuch von Fritz Krause. © GRASSI Museum für Völkerkunde zu Leipzig, Staatliche Kunstsammlungen Dresden.

Taf. 28, 29 und 30: © Hendrikje Hüneke. Abgedruckt mit freundlicher Genehmigung des Museums der Bildenden Künste, Leipzig.

Taf. 31: Krause 1911a, Taf. IX und X.

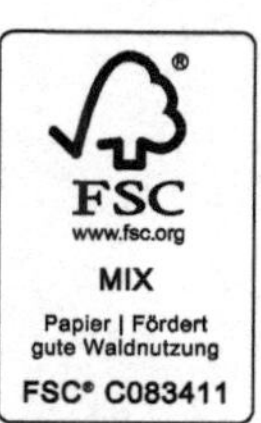

Zeitfracht Medien GmbH
Ferdinand-Jühlke-Straße 7
99095 Erfurt, Deutschland
produktsicherheit@kolibri360.de